天真可愛的物理天才

物理天才

愛因斯坦

唐念祖 著

三民書局

獻給孩子們的禮物

主編
的話

世界上最幸福的孩子，是他們一出生就有機會接近故事書，想想看，那些書中的人物，不論古今中外都來到了眼前，與他們相識，不僅分享了各個人物生活中的點滴，孩子們的想像力也隨著書中的故事情節飛翔。

不論世界如何演變，科技如何發達，孩子一世幸福的起源，仍然來自於父母的影響，如果每一個孩子都能從小在父母親的懷抱中，傾聽故事，共享閱讀之樂，長大後養成了閱讀習慣，這將是一生中享用不盡的財富。

三民書局的劉振強董事長，想必也是一位深信讀書是人生最大財富的人，在讀書人口往下滑落的多元化時代，他仍然堅信讀書的重要，近年來，更不計成本，連續出版了特別為孩子們策劃的兒童文學叢書，從「文學家」、「藝術家」、「音樂家」、「影響世界的人」系列到「童話小天地」、「第一次」系列，至今已出版了近百本，這僅是由筆者主編出版的部分叢書而已，若包括其他兒童詩集及套書，三民書局已出版不下千百種的兒童讀物。

劉董事長也時常感念著，在他困苦貧窮的青少年時期，是書使他堅強向上，在社會普遍困苦，而生活簡陋的年代，也是書成了他最好的良伴，他希望在他的有生之年，分享這份資產，讓下一代可

以充分使用，讓親子共讀的親情，源遠流長。

　　「世紀人物 100」系列早就在他的關切中構思著，希望能出版孩子們喜歡而且一生難忘的好書。近年來筆者放下一切寫作，接下這份主編重任，並結合海內外有心兒童文學的作者共同為下一代效力，正是感動於劉董事長致力文化大業的真誠之心，更欣喜許多志同道合的朋友，能與我一起為孩子們寫書。

　　「世紀人物 100」系列規劃出版一百位人物故事，中外各占五十人，包括了在歷史上有關文學、藝術、人文、政治與科學等各行各業有貢獻的人物故事，邀請國內外兒童文學領域專業的學者、作家同心協力編寫，費時多年，分梯次出版。在越來越多元化的世界中，每個人都有各自的才華與潛力，每個朝代也都有其可歌可泣的故事，但是在故事背後所具有的一個共同點，就是每個傳主在困苦中不屈不撓，令人難忘的經歷，這些經歷經由各作者用心博覽有關資料，再三推敲求證，再以文學之筆，寫出了有趣而感人的故事。

　　西諺有云：「世界因有各式各樣不同的人群，才更加多采多姿。」這套書就是以「人」的故事為主旨，

不刻意美化傳主，以每一位傳主的生活經歷為主軸，深入描寫他們成長的環境、家庭教育與童年生活，深入探索是什麼因素造成了他們與眾不同？是什麼力量驅動了他們鍥而不捨的毅力？以日常生活中的小故事，來描繪出這些人物，為什麼能使夢想成真。為了引起小讀者的興趣，特別著重在各傳主的童年生活描述，希望能引起共鳴。尤其在閱讀這些作品時，能於心領神會中得到靈感。

和一般從外文翻譯出來的偉人傳記所不同的是，此套書的特色是，由熟悉兒童文學又關心教育的作者用心收集資料，用有趣的故事，融入知識，並以文學之筆，深入淺出寫出適合小朋友與大朋友閱讀的人物傳記。在探討每位人物的內在心理因素之餘，也希望讀者從閱讀中，能激勵出個人內在的潛力和夢想。我相信每個孩子在年少時都  會發呆做夢，在他們發呆和做夢的同時，書是他們最私密的好友，在閱讀中，沒有批判和譏諷，卻可隨書中的主人翁，海闊天空一起遨遊，或狂想或計畫，而成為心靈知交，不僅留下年少時，從閱讀中得到的神交良伴（一個回憶），如果能兩代共讀，讀後一起討論，綿綿相傳，留下共同回憶，何嘗不是一幅幸福的親子圖？

2006 年，我們升格成為祖字輩，有一位朋友提了滿滿兩袋的童書相送，一袋給新科父母，一袋給我們。老友是美國國家科學院院

士，曾擔任過全美閱讀評估諮議委員，也是一位
慈愛的好爺爺，深信閱讀對人生的重要。他很
感性的說：「不要以為娃娃聽不懂故事，我的孫
兒們一出生就聽我們唸故事書，長大後不僅愛
讀書而且想像力豐富，尤其是文字表達能力特別
強。」我完全同意，並欣然接受那兩袋最珍貴的禮物。

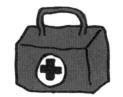

　　因為我們同樣都是愛讀書、也深得讀書之樂的人。

　　謹以此套「世紀人物 100」叢書送給所有愛讀書的孩子和家庭，
以及我們的孫兒——石開文，他們都是世界上最幸福的孩子，因為
從小有書為伴，與愛同行。

「秦時明月漢時關」，唐朝詩人王昌齡寫下這一句詩的時候，人站在上千年的城門古蹟前，抬眼看的是遠遠高掛天邊的月亮，心裡想的是遙遠空間和漫長時間給他的感受。黑夜無邊無際的星空，以及總是無法倒流的時間，一向是人類覺得最神祕的兩件事。古今中外，幾乎每一個人都會在夜晚抬起頭來，對這宇宙奧祕的現象感嘆不已。

有的人因此情景而寫下了幽雅的詩文，有的人由此靈感而創作了不朽的音樂，更有許多的科學家因此而努力追尋解釋各種現象的答案。

愛因斯坦也像其他人一樣，曾經在小時候看著夜晚的天空冥想。可是，為什麼只有他能像伽利略和牛頓這幾位歷史上偉大的科學家一樣的突出？他跟一般人有什麼不同呢？

愛因斯坦自己覺得，他豐富的想像力是他最重要的本錢。平常人看到習以為常的自然現象，多半不去花功夫想，甚至不會多加注意。愛因斯坦對他觀察到的現象，不但好奇，還發揮他的想像力去做思考的實驗。他五歲的時候被指南針總是指著南北方向的現象迷住，十五歲的時候假想如果他能騎在光線上會看到什麼。他的想像力可以從微小到肉眼看不見的分子、原子，和無聲無形的各種力量，大到地球、太陽、銀河星系，一直到整個宇宙的邊緣，甚至於宇宙之外。他能把這樣廣泛的想像力轉換成理論去解釋宇宙，是他成功

的第一個條件。

　　愛因斯坦能發展出這種獨到見解的能力，在他從小不輕易相信權威就表現出來了。絕大多數的人，雖然有時候可能有新奇的觀點，可是一碰到不符合所謂的「常識」的時候，就可能聽信常識而放棄自己的想法了。愛因斯坦的父母親訓練他從小對自己有信心，所以他會不盲從權威，勇敢的向傳統思想挑戰。就因為有這樣的勇氣，他提出來的相對論和其他理論，才能讓人類對宇宙有了革命性的認識。

　　有了這樣的勇氣，當然還要有相同的毅力。愛因斯坦會堅持自己的想法，抓住這些問題不放，一直到他找到答案為止。他花了十年的時間把小時候對電磁和光的質疑與想像，化作實際理論，二十六歲時發表了五篇偉大的物理論文。他又花了十年的時間把狹義相對論擴展為廣義相對論，更被科學界推崇為最偉大的傑作。他後半輩子的精力又放在「統一場論」，雖然沒有完成，可是他對每一個目標抱著極大的期望，鍥而不捨的精神，令人敬仰萬分。

　　愛因斯坦除了這些特有的個性之外，他的聰明才智當然是非凡的。他童年時期雖然好像是個大智若愚型、不被老師看好的學生，可是他對數學、物理、哲學這些他感興趣的科目，一直不停的自修，成果遠超過別人。加上他有特別集中的注意力，能夠專心一志，為了自己的研究，可以做到廢寢忘食的地步。

　　愛因斯坦一生大而化之，不拘小節。他不會照顧自己，因為他

認為生活的細節不值得花心思。他腦海裡最重要的問題是宇宙、是時空、是光電，他的人生觀自然不同。宇宙之大，連光速旅行都要億萬年的時間，比較之下，地球渺小得可憐，人生更顯得短暫。對愛因斯坦來說，世界和平是重要的。他不能了解人類在這渺小又短暫的人生旅途中為什麼要戰爭，而不和平相處，因此他覺得國家政府不應該有那麼大的權力。他從小就不喜歡看到軍隊操練，長大之後也一向反戰。他自己雖然有博愛的精神，卻因為身為猶太人而受到德國人歧視迫害。為了嚇阻納粹德國，他勸美國發展原子彈，可是沒想到德國並沒有原子武器，而美國的原子彈卻造成了日本人的慘重傷亡。愛因斯坦雖然沒有直接幫忙研究發展原子彈，可是他覺得自己也有責任，心中非常不安。

愛因斯坦能夠解釋自然界和宇宙的規則，可是對政治社會、人情世故卻不關心。他對朋友不太流露自己的感情，可是他對需要幫助的陌生人卻慷慨得很。很多小學生和年輕人寫信問他功課和各式各樣的問題，他雖然很忙，可是都儘量回信。他也幫忙了許多猶太難民移民美國。他的第一次婚姻雖然不美滿，可是他跟父母和妹妹感情深厚。

愛因斯坦相信「簡單就是美」。他相信自然界的定律必定是能以簡單的數學方式表現。他對生活也力求

簡化，對於金錢一點都不在乎。他平常連襪子都不穿，因為覺得是多此一舉。他身體有病痛的時候，也很少去找醫生，因為他嫌麻煩。他跟有名的好萊塢諧星卓別林見面的時候，看見轎車外面瘋狂的崇拜人群，感到很受不了，他問卓別林：「這樣子的名氣有意思嗎？」卓別林回答：「一點都沒有。」兩個人都看透這種虛名了。

愛因斯坦今天已經成為全世界公認的天才的代名詞。美國《時代》雜誌推選他為代表整個 20 世紀的偉人。雖然一般人不容易懂得他的理論，可是大家都知道因為他在物理學上的貢獻，人類科學往前邁進了一大步。更重要的是，因著他對全人類的愛，他從不放棄追求世界和平，使得人們對他的回憶充滿了溫馨。

寫 書 的 人

唐念祖

從小就喜歡看書，臺灣大學土木系畢業後，到美國加州大學的戴維斯和柏克萊留學，先後讀了結構工程和企業管理兩個碩士。他現在舊金山南邊矽谷電腦界工作。興趣廣泛的他，編寫過劇本也演出過話劇，發表過一些文章。他喜歡登山、跳舞、攝影，也喜歡烹飪、閱讀和電影。

天真可愛的物理天才

愛因斯坦

世紀人物 100

愛因斯坦

1879~1955

1 光線會轉彎？

你有沒有看過光線轉彎？

1919 年 11 月 6 日，星期四的下午，英國兩個最有權威的科學組織，皇家學會和皇家天文學會在倫敦召開聯合會議，討論那年日蝕探訪隊的成果。平常這種會議相當冷門，只有少數科學家感興趣，可是這一天完全不同。消息傳出，大家聽說有驚天動地的大發現要宣布，從四面八方趕來，會場內外擠得水泄不通，除了學會會員，還有一大堆新聞記者和其他旁聽的人。

後臺幕後站了一位不到四十歲、很有學者風範的劍橋大學天文學教授艾丁頓，正在往觀眾席張望。艾丁頓也是英國格林威治皇家天文臺的臺長，

他雖然大場面看得很多，可是今天他特別緊張而又興奮。

艾丁頓回想他從小對天文學就特別感興趣，常常在夜晚仰望滿天星斗的時候，腦海中想著很多叫自己好奇的問題。長大後他專攻天文、物理和數學，他學得越多，越覺得人對宇宙知道的事少得可憐。自從最近這幾年他認識愛因斯坦以後，對愛因斯坦的相對論研究得非常透徹，當時全世界可以說只有他們兩個人真正懂得相對論。絕大多數科學家不相信這理論，也不願意花功夫去了解它。現在，艾丁頓終於有了實際的數字，甚至於還有照片證明相對論的正確性。他想到這一天會是人類歷史上重要的里程碑，心裡更興奮了。可惜的是，不管他怎麼勸，真正的主角愛因斯坦都不肯出席。

　　會議開始了，皇家學會主席湯姆森致詞說：「我很高興今天有這麼多人來參加和旁聽這次特別的聯合會議，因為這會是歷史上重要的一天。今天我們要向各位介紹愛因斯坦的相對論，是人類科學史上偉大的成就之一。他的發現是繼牛頓的萬有引力理論以來最偉大的貢獻。」

　　湯姆森向聽眾解釋說：「愛因斯坦的相對論指出了時間和空間的一些很奇特的性質；因為整個宇宙都在動，沒有任何量度是絕對的。所有能觀察到的運動都是因為相對的速度不同造成的。他說時間並不是絕對的，時間會因為相對運動的速度不同而有快慢長短不同，並不是到處都一樣。當一個物體相對我們以接近光速的極度高速進行時，長度會縮短，質

量會增加；最奇異的是，這物
體的時間會變慢。」

　　皇家學會主席講到這裡，
很多聽眾都抱著懷疑的眼光，
覺得像在聽神話故事一般，太
不可思議了。大家在會場裡開
始交頭接耳，喃喃細語起來。
接著湯姆森又說：「愛因斯坦的
相對論指出，光的速度永遠是
不變的，宇宙中沒有任何運動
的速度會超過光速。相對論裡
還有其他對於重力和光線特質
的解釋。」

　　在聽眾快要開始失去興趣
和注意力的時候，主席介紹皇
家天文學家戴森上臺，戴森宣
布：「這次艾丁頓教授天文探訪
隊的任務，是趁著日蝕去觀察
靠近太陽的星球。現在照片沖
洗出來了，結果正如愛因斯坦
理論預測的，星光受到太陽巨
大質量的重力影響會轉彎。而

星光彎折的程度，正如相對論中的公式計算出來的一模一樣。」

光線會轉彎！這個結果一公開，全會場大家先是呆了幾秒鐘，接著爆出一陣掌聲和騷動，然後鎂光燈猛閃，新聞記者搶著找愛因斯坦照相。可是因為沒有記者見過愛因斯坦，他們不曉得其實愛因斯坦本人並不在現場。一陣慌亂中，記者搶著給艾丁頓教授照相，同時有的搶著打電話，有的趕著打電報回報社。

第二天，全世界的報紙都用各種搶眼的新聞標題刊登了這驚天動地的新聞，說「光線會轉彎」，說「愛因斯坦改寫了牛頓的萬有引力定律」。愛因斯坦的檔案照片也出現在各報紙的頭版。愛因斯坦一夜成名，大家都想知道他究竟是何

方神聖，竟然有這麼大的本事。雖然這個時候愛因斯坦在科學界已經很有地位了，但是一般人並不了解他這個人。所以各個報紙都手忙腳亂的搜集他的資料。

愛因斯坦是一個不喜歡名利的人，他對這突然而來的盛名非常受不了。他在柏林的家，從早到晚都被記者包圍，簡直煩死他了。他哪裡知道，他一向最珍惜的隱私權從此就這樣子飛出窗外了。

我想你一定看過很多科幻小說和電影，描述利用時空機器旅行到未來或者過去世界的故事。古今中外有過這樣幻想的人是數不清的。

自從愛因斯坦提出相對論，人們幾千年來習慣了的時間觀念忽然被挑戰、質疑。雖然人們需要有高深的物理、數

學基礎才能懂得他的理論，可是他的發現引起大家更進一步的好奇和想像。很多人認為如果科技能再快速進步，時空旅行也許是可以做得到的。因此

 放大鏡

＊我們能回到過去嗎？

　　我們在這裡假想利用時空旅行機去看愛因斯坦的一生。但是時空旅行是可能的嗎？

　　根據愛因斯坦的相對論和許多其他科學家的理論，一艘太空梭需要在接近光速或者甚至比光速快的速度才能作時空旅行。可是另一方面，據愛因斯坦的發現，光速是宇宙中所有物質運動速度的極限，目前人類還沒有發現任何比光速快的東西。所以我們說時空旅行應該是不可能的。

　　讓我們發揮想像力，假設人類科學忽然突飛猛進，有一天發明了可以回到過去歷史的時空旅行機，會是什麼樣的情形呢？

　　如果我們能旅行回到過去，你想我們能改變歷史嗎？如果我們回到秦朝，幫忙荊軻成功的刺殺了秦始皇，那歷史會變成什麼樣呢？中國今天是否就像歐洲一樣，有一大堆小國家呢？如果你回到古代，說服一位祖先不結婚生子而去出家作和尚，那你今天是否就不存在了呢？那你又怎麼能旅行回到過去呢？

　　我們也可以往前想像，如果未來的人類能發明時空機器，那為什麼今天我們沒有任何人看到未來的人類利用時空機器反轉回來訪問我們呢？

　　所以從我們現在物理學和邏輯學的觀點來看，時空旅行，尤其是旅行回到過去，是不可能的。可是在伽利略之前，人們認為地球繞太陽轉的現象也是不可能的，不是嗎？

關於時空旅行的科幻故事也就更多了。

我們現在也來一起想像，假想科學進步到了能讓時光倒流，我們搭乘時空旅行機回到愛因斯坦的時代，看看他的一生，那該多好？綁起你的安全帶，我們要以你從未經歷過的超高速度，突破時空的障礙，回到 1879 年的德國。

2 大頭的童年

　　我們來到了多瑙河邊一個老城，烏爾姆。城裡的路又彎又窄，可是卻有很多高大的教堂。愛因斯坦還沒有出生以前，這裡的居民就已經很驕傲的宣稱，烏爾姆城的人都是數學家。按照地址，車站街二十號，我們找到一座四層樓的住家。聽見一陣哇哇哭聲，我們知道找對了。

　　有一對恩愛的夫妻，正在慈藹的哄逗著一個腦袋特別大的男嬰。爸爸赫曼·愛因斯坦是一位和藹可親，個性溫和，非常樂觀的電工商人。媽媽寶琳是位從富裕家庭出身，很有音樂和文學修養的女士。兩人正在商量著搬家的事。

　　赫曼說:「寶琳，這幾年電

氣化開始盛行。慕尼黑城市人口多，我的電工生意想要東山再起，那裡的機會應該比這烏爾姆城好。妳覺得我們搬到那兒去如何？」

寶琳回答：「這個主意不錯。我很喜歡慕尼黑的藝術氣氛和建築，尤其是教堂。那裡的學校也好，對孩子未來的教育有幫助。至於你生意在這裡失敗的原因，我看是由於你的個性過於樂觀和大方。其實我也不介意這些，只要這是你的興趣所在，你就放手去做吧！」

赫曼很感激的說：「謝謝妳對我的支持，希望我們的兒子長大後能繼承我的事業。我看這孩子頭這麼大，一定特別聰明。當初我們還擔心他是畸形兒呢！」

寶琳溫柔的看著懷裡的兒子艾伯特，輕輕的撫摸著他的

頭說：「就是呀！他一生下來頭又大又尖，每個人看了都嚇一跳。醫生說沒問題，我媽媽還一直發愁呢！我們要給他最好的教育和關懷，他會有美好的未來的。」

就這樣，艾伯特・愛因斯坦不到一歲的時候，舉家搬到了慕尼黑。

再過一年多，愛因斯坦的妹妹瑪雅出生了。爸爸把媽媽和妹妹從醫院接回家的時候，跟愛因斯坦開玩笑，說他們給他帶回來一個玩具。愛因斯坦看了一下剛出生的妹妹，失望的說：「這個玩具怎麼沒有輪子呢？」你說他是不是很幽默？

媽媽寶琳對於孩子的教育非常重視。她覺得她先生赫曼人固然是很善良和氣，可是個性不夠剛強，太容易受到別人影響而失去了自己的主見。她

不希望兒子愛因斯坦長大以後也是這樣，所以她在愛因斯坦幼小的時候就特意鍛鍊他獨立的個性。

她要愛因斯坦四五歲的時候就學會認路。父母兩人先帶著愛因斯坦在同一條路上來回幾次，把路邊經過的標誌和特徵講給小愛因斯坦聽，並且告訴他怎麼樣小心看著兩邊來往的馬車，如何等到安全的時候過馬路。然後父母兩人躲迷藏似的在遠處看他找路。慕尼黑是個大城市，交通也很繁忙，這樣的訓練讓愛因斯坦的自信心增強很多。

雖然這時候他們的家境並不富裕，可是愛因斯坦的母親替他請了家庭老師，希望愛因斯坦能在課業和音樂上有好的基礎。可是小愛因斯坦的脾氣大得不得了，甚至會對老師摔

椅子，第一個老師就被他給嚇得辭職不幹了。後來換了幾位老師之後，愛因斯坦才對音樂和讀書產生興趣，慢慢開始聽話。

雖然愛因斯坦小時候脾氣不好，可是他對感興趣的事非常專心認真。比如說他喜歡用撲克牌搭建樓房，一般小孩搭起個兩三層就很高興了，愛因斯坦竟然可以搭到十四層高。

愛因斯坦的爸爸赫曼常常在晚飯後念德國詩人席勒和海涅的作品給孩子們聽，文字的優美和爸爸低沉的聲音讓一家人陶醉不已。這幅家庭溫馨的景象深深感動愛因斯坦，讓他留下最美好的回憶，也讓他一生都特別偏愛這兩個人的詩，時常吟讀。

這時候愛因斯坦的父親赫曼和他的叔叔雅克做的生意是

製造當時剛開始流行的發電機，愛因斯坦常常跟著他們去工廠，那些轟轟隆隆不停運轉的機器設備對他的吸引力大極了。他叔叔雅克的數學和科學常識很豐富，他又特別喜歡愛因斯坦這個聰明、好奇心強的侄子，所以他總是很仔細的向愛因斯坦說明發電機和電磁學的關係。他叔叔做實驗給他看，一個通了電流的電線，四周圍有磁鐵般的吸引力；而反過來，磁鐵的運動也會產生電流，發電機就是利用這原理運作的。愛因斯坦從小接觸了電磁學常識，後來他對電磁學的了解和偉大貢獻，當然跟這基礎是有關聯的。

在學校裡他是一個很安靜的學生，內向又害羞，不太跟別人講話，同學覺得他是一個無聊沒趣的人。可是其實他的

頭腦裡已經在問自己一些問題，而且開始發展一些深刻的思想了。

當時學校教育的方式很呆板，對學生的要求是老師一問任何問題，就要反應極快的立即回答。愛因斯坦卻跟別人不同，他常常會更進一步的想，老師為什麼要這樣子問，問題的背面是否還有其他的意義。老師哪裡知道愛因斯坦會想得那麼多，他們只看到他的反應慢，就認為愛因斯坦不是一個很出色的學生。

1888 年愛因斯坦九歲時進了中學，他對學校裡的一些課程內容開始不滿意。更重要的是，他對學校強迫記憶的教學方法很不喜歡，對學校像軍事訓練一般的嚴格管理方式更是反感。所有的老師中，他只喜歡一位名叫若依斯的老師，因

為他鼓勵學生自己獨立思考。

關於這位他最喜歡的老師，後來還有一個有趣的故事。

愛因斯坦三十歲已經當了大學教授的時候，回學校探望若依斯。這位老師看見愛因斯坦穿著破舊，不但認不出他，還以為是來找他借錢的，愛因斯坦失望之餘很快的就告辭了。

3 指南針和
幾何學的神奇

　　我們再來看看 1890 年在德國慕尼黑愛因斯坦家中的這天晚上，一家人剛吃完飯。他們的年輕客人，一位就讀醫學院名叫陶牧的學生，跟大家說：「謝謝您們的好意，每個星期都請我來吃飯。」

　　赫曼回答：「別客氣。這只不過是猶太家庭的習俗，我們都很高興你的到來，尤其是艾伯特，他還能跟你談得這麼投機。他在學校裡都很少講話呢！就是講了話，也總是慢吞吞的。」

　　陶牧說：「我了解艾伯特，我知道他是個很認真的人，他想確定答案是正確的，之後才說出口，是不是？」

　　寶琳說：「對。他小時候開

口說話就是比一般人晚，我們為這還去問過醫生呢。」

愛因斯坦說：「那是因為我想等到會說完整的句子才開口。我記得小學的時候，老師以為我智力有問題，因為我回答問題之後，總要自己再喃喃自語，重複一次。其實我只是想確定沒弄錯，也想讓自己記住正確的答案。」

寶琳笑著說：「不錯，艾伯特對於學習他喜歡的東西是滿認真的。可是他很挑剔，對他不感興趣的事情，就碰都不碰。他六歲的時候我開始要他學小提琴，剛開始的時候他拚命反抗，我們換了好幾個老師，每個老師都拿他沒辦法。」

比愛因斯坦小兩歲的妹妹瑪雅在旁插嘴說：「就是啊！哥哥小時候脾氣好壞，好幾次打我的頭。那時候我只要一看見

他臉色發白，鼻頭發青，我就趕快躲開他。還好後來他的脾氣變好了。」

愛因斯坦聽了，很不好意思的笑了。

寶琳繼續說：「艾伯特，最近你好像忽然對莫札特的音樂著迷了是不是？我看你常常自動的拿起小提琴來練習。」

愛因斯坦說：「對。我發現莫札特音樂好美，好像數學一樣，有一種規律的結構，聽起來好有意思。」

瑪雅說：「哥哥最奇怪了，學校裡面大家都討厭的數學和拉丁文，他反而喜歡。」

愛因斯坦說：「不錯，我認為這兩門課最合邏輯。別的科目，好像都沒有什麼道理。尤其是希臘文，我實在受不了。」

寶琳聽著笑了笑，起身開始收拾餐桌。

瑪雅接著說：「每次你和陶牧都談邏輯、哲學，要不然就是數學或者什麼最新科學發明，我都聽不懂。我還是跟媽媽到廚房裡去幫忙吧！」

赫曼笑著說：「不錯，我也插不上嘴。你們倆好好去談吧！」他含著煙斗進了書房。

愛因斯坦對陶牧說：「謝謝你送我那本幾何學的課本，我喜歡得不得了。我沒想到幾何學能用清楚而肯定的邏輯，去證明或解決那麼多問題，實在太吸引人了。我已經把整本讀完了。」

陶牧睜大眼睛驚訝的說：「你已經讀完了？這麼快？你都看懂了？」

愛因斯坦說：「有些比較難的地方我需要思索一下，可是我很喜歡這種挑戰。我前後研究了一陣子，就都明白了。」

陶牧興奮的說：「你真是不得了。這樣子看起來，我的幾何都趕不上你了。」

愛因斯坦說：「我記得五歲的時候，有一次我生病在家，爸爸買了個指南針給我玩，我被那總是指著南北方向的針完全迷住了。我在日常生活中觀察到的所有東西，都是在被另一個東西碰觸到了之後才會移動，可是指南針卻有一種神祕無形的磁力，隔著空間也可以傳送。我對它極感興趣，非要自己找到答案不可。那是我生命中第一個感興趣的神奇現象。現在你幫我發現了第二個神奇學問，那就是幾何學。我真謝謝你。」

陶牧笑著說：「我只不過把有趣的學問介紹給你。要了解幾何學，還是要靠你自己的興趣、領悟和努力呀！」

陶牧看出愛因斯坦的聰明程度遠超過一般人，就又將著名的德國哲學家康德的書介紹給他。一向被認為深奧難懂的理論，十幾歲的愛因斯坦竟然能讀得津津有味。康德不僅是大哲學家，他在各種科學方面的學問也很精通，對於時間和宇宙有詳細的討論，提出了很多深刻的問題。比如，康德說宇宙應該有一個開始的起點，而並非一直存在。因為如果宇宙已經存在無限久的話，那麼所有該發生的事應該都已經發生過了。例如，自然界有一個現象，熱會從較熱的物體傳到較冷的物體上，一直到兩個溫度相同為止，這叫做熱平衡。如果宇宙一直存在的話，那麼所有東西的溫度，應該早就一樣了。這些看法顯然激發了後來愛因斯坦相對論的思考。

4 離開慕尼黑

　　愛因斯坦的爸爸在慕尼黑經營的生意，好轉了一陣子之後，1894 年又再度失敗。愛因斯坦媽媽的親戚伸出援手，投資他們的生意，可是條件是要他們到義大利經商。他的爸媽就帶著妹妹搬到米蘭，只把愛因斯坦一個人留在德國，希望他能順利完成高中學業，進入大學。

　　愛因斯坦的爸媽做這個決定有兩方面的理由。他們覺得這是訓練他獨立生活的好機會，他們有信心他能過得很好。另一方面他們知道愛因斯坦的義大利文程度不好，如果在義大利上高中恐怕會有學習上的困難，他如果留在德國上學就不會耽誤他求學的進度。

你猜愛因斯坦對這樣的安排覺得如何呢？讓我們來看看。

愛因斯坦的家人離開德國還不到半年，這一天，他們很意外的看到愛因斯坦背著行李出現在門前。

媽媽和妹妹很高興的擁抱他，爸爸也又驚又喜的問他：「艾伯特，你怎麼沒有通知我們，說來就來了？」

愛因斯坦說：「德國的高中我實在讀不下去了。我一個人住在宿舍裡，沒什麼朋友，好寂寞。收到媽媽來信，總說義大利有多好，更教我想和你們在一起，心情壞透了。學校裡的老師嚴格又呆板，什麼都要管，我連思考的自由都沒有。所以我就決定離開了。」

爸爸說：「你決定離開？德國的高中哪裡這麼容易，說走

就走？」

　　愛因斯坦說：「我跟醫生說，我的精神受不了了，快要崩潰了，請他開了一個證明。數學老師也替我寫了封信，說我的數學程度已經可以上大學的課。我拿了這兩封信去見校長，沒想到希臘文老師先發制人，已經跟校長說我不該再留在那所學校了。」

　　媽媽說：「為什麼呢？你做錯了什麼事？」

　　愛因斯坦激動的說：「我什麼都沒做。大家都知道我不喜歡上希臘文課，我上課的時候都坐在教室後排。老師每次看我的時候，我就對他微笑。結果老師說我這樣的態度對他不尊重，損害了老師尊嚴。我跟他說我根本沒有任何惡意，我是真心的在微笑。他反而更生氣，說我對別的同學會產生壞

影響，他不讓我再去上他的課。誰知道他竟然還去校長那裡告狀。本來是我自己想要離開的，可是結果卻好像是我被趕出來的一樣，真叫我不服氣。我再也不要回德國了。」

愛因斯坦停頓了一下，然後很堅定的說：「爸爸，我不要做德國人了，我要放棄德國國籍。」

爸爸臉色凝重的說：「艾伯特，這種事不能隨便開玩笑。」

愛因斯坦回答說：「爸爸，我很認真的考慮過了。德國的很多事情我都不喜歡，尤其是男孩子成年就要服兵役的規定，我最反對。學校裡的軍事管理方式我都已經受不了了，我哪裡能去當兵？再說我最反對戰爭，人們哪裡來的權力可以用武力去侵占別人的土地，傷害別人的身體和生命？我已

經下定決心要放棄德國國籍了，您幫我申請好嗎？」

爸爸緊閉著嘴不說話。

媽媽說：「我們都知道艾伯特不喜歡當兵，小時候別的孩子看到軍隊閱兵都搶著去看，艾伯特卻哭喪著臉說，他長大以後不要像那些可憐的人一樣去當兵。赫曼，這件事我們不妨再考慮一下吧！」

過了一會兒，妹妹瑪雅看不過大家緊繃的氣氛，就打破沉默說：「爸，媽，哥哥千里迢迢的來找我們。難得我們全家又團圓了，應該先高興的慶祝一下吧！哥哥，義大利真是個好地方，我可以作導遊帶你出去玩。」

愛因斯坦說：「好呀！我聽了很多義大利的優點，嚮往已久。在這裡一方面可以跟你們團聚，一方面我很欣賞這兒的

文化藝術氣氛。我最喜歡米開蘭基羅的作品，連義大利的語言文字我都覺得很美。」

媽媽說：「這裡有那麼多文藝復興的遺產，確實是很吸引人。不過，你別忘了，爸爸希望你能拿到一個工程學位，繼承他的電工事業。你義大利文的程度還不夠讀大學，留在義大利畢竟不是長久之計。」

爸爸說：「對。我知道你對什麼數學、哲學之類的東西感興趣，可是你怎麼能靠那些東西過活？還是電機工程這些學問比較實際。而且你不能總待在家裡，我也希望你能養成獨立生活的習性。」

愛因斯坦說：「沒問題，我可以自己獨立生活，我只是想離開德國。我可以到瑞士的德語區去讀大學，這樣就沒有語文上的問題了。」

　　爸爸媽媽看愛因斯坦這樣子有主張，再叫他回德國也說不過去，就只好讓步了。

　　在學校開學之前，愛因斯坦暫時在義大利住下。他很高興又跟家人團聚了。他偶爾去爸爸和叔叔的工廠幫忙，有些他們碰到的工程上的難題，愛因斯坦一下就解決了。我們知道愛因斯坦對數學、哲學有興趣，並沒有學過電機工程。他爸爸和叔叔雖然是做這門生意的，但是他們遇到的難題，卻是愛因斯坦活用物理和數學，幫忙解決的。每個人都很佩服他。

　　更多的時候，愛因斯坦在義大利美好的鄉間散步或騎車閒逛，一方面享受生活，一方面思考自然界的物理問題。妹妹瑪雅也陪他去義大利各個觀光名勝遊歷一番，就這樣度過

了一個輕鬆愉快的暑假之後，
愛因斯坦便獨自動身前往瑞士
的蘇黎世。

5 蘇黎世的大學生活

　　愛因斯坦參加了瑞士的蘇黎世聯邦技術學院的入學考試。因為他對法文、化學、生物不感興趣，這些學科的分數不高，所以沒有考上。可是學校特別注意到他數學和物理兩科的高分，所以答應他只要再念一年高中，拿到畢業證書就可以進入聯邦技術學院就讀。

　　他的爸媽幫他在瑞士艾饒找到一所高中，並且安排他住在溫特勒老師家裡。愛因斯坦的運氣不錯，這所高中有很新的實驗設備，教學方式也完全不像德國那麼呆板。他更碰見了好得不能再好的一家人。溫特勒是學校裡一流的教師，喜歡鼓勵學生自由思考。他在家裡也用同樣的方式對待他自己

的七個孩子，這正正合了愛因斯坦的口味。溫特勒一家人把愛因斯坦當作是家庭的一分子，有空就帶著他一起出去旅行登山。

愛因斯坦很喜歡瑞士人既認真守法，又崇尚自由民主的作風。接著，他還是一再要求爸爸幫忙，聲明放棄德國國籍。他爸爸終於答應，替愛因斯坦完成了手續，正式成為一個無國籍的人，幾年之後他才申請成為瑞士公民。

他高高興興的補了一年高中課程之後，在 1896 年 10 月進入蘇黎世聯邦技術學院。這學院是瑞士第一所國立大學。愛因斯坦比別的新生小一兩歲，是那所大學當時收過最年輕的學生。愛因斯坦進的學系是專門訓練將來要從事數學和物理方面教學的老師。課程除了數

理，還包括天文學。在當時來說，這所大學的師資和設備，可以算得上是歐洲一流的了。可是愛因斯坦的性格沒有改變，他不相信權威，只喜歡自己看他感興趣的書，而不太願意上課聽講。老師和別人對他的看法和批評，他毫不在乎。

愛因斯坦這時候把從書上學來的知識應用到他從小就感到困惑的問題上，並且做一些思想實驗。什麼是思想實驗呢？愛因斯坦研究的問題，不容易以實際看得到、摸得著的東西去實驗，而需要靠想像力去推理或是用數學去證明。譬如他一向對於光的現象特別感興趣，他常常問朋友這樣一個問題：「人如果能追上光，會是怎麼樣一個情形？如果一束光線像一枚火箭，讓我騎在上面，我會看到什麼？」

他另外一個更有意思的問題是：人所以能看到一樣東西，是因為光從那件東西出發，到達我們眼睛，我們才看到它。愛因斯坦想像，正午十二點，他從一座教堂的大鐘前出發，騎在一束光線上，因為光的旅行速度跟他一樣，他如

放大鏡 ＊光速是怎麼測出來的？

現代人都知道光速是每秒三十萬公里。可是這麼快的速度人的感覺根本不可能察覺到。這究竟是怎麼樣測量出來的呢？

17 世紀末一位天文學家瑞墨，在觀察木星的四個衛星圍繞木星旋轉的週期時，意外的發明了測量光速的方法。他以這四個衛星每次剛剛從木星

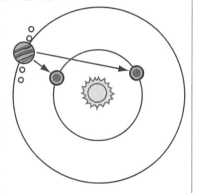

後面出現的時間，記錄它們的週期。他發現木星和地球在太陽的同一邊的時候，木星的衛星出現的時間，比木星和地球在太陽的不同邊的時候，早了一千秒鐘。為什麼呢？

這是因為木星和地球在太陽的不同邊的時候，光線需要旅行比較長的距離，才能到達地球。這額外的距離等於地球和太陽距離的兩倍。用這時間和距離的兩個數字，就可以算出光速了。

果回頭看，那大鐘應該一直是停留在正午十二點，那麼時間不是就停頓下來了嗎？

他從十五、六歲就有這些想法，光的速度和時間的關係在他腦海裡徘徊了十年，在他腦中不斷實驗，後來總算導出了他的狹義相對論。

他的大學生活顯然過得有聲有色。他大而化之，不拘小節的個性，處處可見。每次出門旅行，他總是會忘掉一些隨身行李。平時晚上回家，也常常要叫醒房東太太，因為他忘了帶鑰匙。他的注意力只放在他感興趣的事上。他喜歡在蘇黎世湖裡泛舟，每次一定帶個小筆記本。每當風停帆靜的時候，他就振筆疾書；風一吹起，他再掌帆。他也常在阿爾卑斯山邊健行。他對高山並不見得多感興趣，可是他喜歡那

種安寧環境，讓他可以思考，也帶給他靈感。

當時蘇黎世算是歐洲文化中心之一，世界各地很多知識分子都曾經到這裡遊學。愛因斯坦雖然不是一個很喜歡社交場合的人，可是由於他對於音樂的喜好，認得了很多文藝界的朋友。在這個階段，他除了自己本來就喜歡的音樂和藝術之外，也開始閱讀很多物理數學以外的書。他特別欣賞的是巴爾札克、狄更斯和杜斯妥也夫斯基的小說，尤其是杜斯妥也夫斯基的《卡拉馬助夫兄弟們》，是他一讀再讀的書。

這時候的愛因斯坦已經是一個很英俊的青年。他有一頭漆黑的鬈髮，一雙炯炯有神的大眼。他一點都不注意他的穿著和外表，可是他的個性和魅力使他處處受歡迎。在任何場

合，愛因斯坦只要一出現，人們就注意到了。他常常演奏小提琴，也深受很多女同學的欣賞。有一次他正在拉小提琴，看到聽眾裡的一位女士在打毛線，他覺得不被尊重，就停下音樂，收拾樂譜，說：「我想我最好不要打擾妳們的正事。」後來大家都不敢不專心聽他演奏了。他這種超人的自信更造成了他強烈的吸引力。

　　因為愛因斯坦這麼受歡迎，所以當他的同學們發現他喜歡班上唯一讀物理的女生米列娃的時候，都很驚訝。米列娃由於有些先天性的臀部畸形，走路動作跟常人不同。她比愛因斯坦大四歲，而且個性看來憂鬱又沉默。可能是因為兩個人都是離鄉背井，又都對物理學有狂熱的興趣，所以愛因斯坦對米列娃特別情有獨

鍾，他很欣賞米列娃的聰明和獨立。

愛因斯坦的媽媽和妹妹從別人那兒聽說了米列娃的一切，對他們的交往極力反對。她們覺得愛因斯坦當初在艾饒的初戀情人瑪麗要比米列娃可愛得多，她們不知道為什麼愛因斯坦跟瑪麗忽然分手了。愛因斯坦批評他媽媽和妹妹光重外表，可是她們嫌米列娃古怪暴躁，好像也沒什麼內在美。每次回家，他們都要為了這事吵個不停。

大學四年轉眼就過了。幸好有好朋友的筆記，愛因斯坦

放大鏡

＊愛因斯坦的初戀情人後來成了親戚

　愛因斯坦在瑞士艾饒讀高中，住在溫特勒老師家裡的時候，喜歡上了這家的女兒瑪麗，她成了他的初戀情人。雖然後來愛因斯坦並沒有和瑪麗結婚，可是溫特勒夫婦還是一直對愛因斯坦非常好。有趣的是，愛因斯坦的妹妹瑪雅幾年之後嫁給了瑪麗的哥哥，所以他們成了親戚。

臨時抱佛腳，猛背了幾天去應付畢業考，居然考得還不錯，讓他高分畢業了。

6　畢業求職

　　畢業一年多了，愛因斯坦還沒有找到一份正式的工作。眼見父親生意不成功，自己卻連個工作都找不到，不但完全沒有辦法幫助家計，反而還要靠爸媽養，而自己又不想繼承爸爸的事業，心裡又焦慮又沮喪。從德國北部一直到義大利南端，所有他知道的物理學家，他都寄出了求職信，可是竟然沒有一個人回應。對於沒有人僱用他，愛因斯坦的自信心深受打擊。這是他一生中最低潮的時期。

　　更麻煩的是，這時候米列娃發現她懷孕了。愛因斯坦的家人一開始就反對他們的交往，這時候他們還沒有結婚，愛因斯坦當然不敢讓他爸媽知

道這個消息。同時他正在申請瑞士公民，當時瑞士是個非常保守的國家，假設政府機構知道了他們未婚生子，恐怕愛因斯坦的申請就沒希望，找工作也會更加困難。所以他們極力隱瞞這個祕密，很多非常親近的朋友都不知道有這回事。米列娃自己一個人回到她爸媽家生下了他們的女兒。

從愛因斯坦給米列娃寫的信可以看出，愛因斯坦對這個從沒見過面的女兒其實是很疼愛的，可是從沒有人聽他提起過。愛因斯坦曾經對人說過：「我年紀很輕的時候就告訴我自己，我對最感興趣的真理一定要全力以赴的去追求，有時難免會把身邊人與人之間的感情忽略了。有些發生在我親人身上不幸的事情，我心裡當然很難過。可是如果是我無法控

制的事，我就不去想了。我要能放得下，才能專心。像我這種人，理智常常戰勝了感情。」

我們再搭乘時空機器去仔細看看這時期的愛因斯坦吧！

這一天，愛因斯坦大學時代最要好的朋友葛若斯曼到瑞士伯恩城來找他。兩個人到附近的咖啡屋談話。

葛若斯曼說：「艾伯特，我剛從義大利你爸媽家那兒過來，他們很關心你找工作的情形。」

愛因斯坦說：「我知道我爸爸還是希望我能接手他的電工生意，可是我對那實在不感興趣，勉強不了自己。我爸媽也了解我最想做的事是教書。誰料到，學校裡幾位教授把你們幾個同學一個個都留下來在學校教書，只是不願意僱用我。」

葛若斯曼說：「嗯，艾伯

特，你的成績好得很，只是個性太強。當初我不就勸過你，對教授們表示尊敬一點？」

愛因斯坦說：「我對他們並沒有什麼不尊敬的意思，我只是覺得有些課對我想學的東西沒什麼幫助，還不如利用那時間自己看書來得有用。所以我請你幫我抄筆記，結果我靠著你的筆記還不是照樣可以應付考試嗎？」

葛若斯曼說：「你可知道物理教授韋伯怎麼說你？他承認你非常聰明，可是你一點都聽不進去別人的話。」

愛因斯坦說：「韋伯教授？我對他教的物理課程極度不滿。他教得雖然還不錯，可是他訂的課程內容太守舊了。他只教古典物理理論，對於現在剛發現的一些重要的新理論，一字不提。我自己去研究麥克

斯章的電磁理論和一些其他的學說，精彩得不得了，韋伯怎麼能不教這些呢？誰說別人的話我聽不進去？學校裡幾位數學教授就很不錯，我從他們那兒學了很多。」

葛若斯曼說：「那你為什麼不乾脆學數學呢？」

愛因斯坦說：「數學有那麼多類別，任何一科目就能讓人花一輩子工夫去鑽研。我覺得我還是比較適合學物理，因為這是我的興趣所在。不過數學確實是重要的工具學問，對我研究物理學的幫助大極了。而且我畢業以後還靠它糊過口，找到幾次臨時代課的工作。」

葛若斯曼說：「這些代課工作可以轉成正式的嗎？」

愛因斯坦說：「都沒什麼希望，可是我有很大的收穫。我登了個廣告找擔任數學和物理

家教的工作，第一個應廣告而來的學生是蘇洛文。我們兩人一見如故，討論物理上各種基本理論，欲罷不能，我歡迎他隨時上門。後來第二個學生哈比赫也加入討論，我們三個人組成了一個讀書討論會，定名為『奧林比亞學院』。」

葛若斯曼聽了覺得好笑，說：「你們才三個人就能組織起一個學院？」

愛因斯坦說：「哈哈！我們取這學院的名稱，是因為看不過大學學院的封閉風氣。雖然三個窮光蛋手頭拮据，每次聚會只能吃最便宜的香腸、乳酪、餅乾，可是我們認真讀書，熱烈討論，常常徹夜不眠，有時候一個論點激辯未已，下次見面又再接再厲。有時候站在雨中，沒穿雨衣，不打雨傘，照樣談論。雖然我沒

有什麼收入，可是真理愈辯愈明，這些討論讓我多年來思考的一些理論，漸漸成形。對了，我早就想申請瑞士專利局的工作，法令規定瑞士公民才能任公職。我最近剛拿到了瑞士的公民資格，馬上就可以申請那裡的工作了。」

葛若斯曼很熱心的說：「你想去瑞士專利局工作？太好了！我父親跟專利局的局長是好朋友，我請我爸爸向他推薦你。」

愛因斯坦聽了很高興，說：「如果你能幫我這個忙，我一定好好謝謝你。」

幾個月之後，葛若斯曼寫信給愛因斯坦，告訴他專利局很快就要僱用他了。從信中的字句看來，好像葛若斯曼對這個好消息比愛因斯坦本人還要興奮得多。

　　愛因斯坦雖然好一段時間沒有正式工作，可是他在這一時期自己思考、閱讀和與別人討論，其實有非常豐富的收穫，對於他日後的重大理論發現，奠定了穩健的基礎。

7 五篇論文的奇蹟年

　　1902 年夏天，愛因斯坦終於進了瑞士專利局工作。雖然薪水不高，工作忙碌，可是他得到這份工作，非常高興。本來他對新發明就很感興趣，現在他需要對申請專利的設計文件，一一仔細研究分析，確定發明是獨立創造，前無先例，才能獲得專利。因為他的專長在電磁方面，而那時代正是電磁剛開始受到科學家注意的早期，因此這方面的新發明是最蓬勃的。這工作給了他很多新的刺激，和更多思考上的訓練，而安定的生活也使他有更多的時間和機會去專心研究他的幾項物理問題。

　　那年秋天，愛因斯坦的爸爸病重，他趕到義大利米蘭，

在爸爸的病床前陪他。幾天後他爸爸過世了。愛因斯坦跟他爸爸關係一直很密切，爸爸的去世讓他難過了好幾年。他很後悔沒有為他爸爸不順利的電工生意盡一點力，他覺得爸爸是因為生意困難的生活壓力，而身心交瘁，積勞成疾，所以才會在五十幾歲就早早過世。

第二年，他跟米列娃終於結婚了。雖然他媽媽一向反對，可是他爸爸臨終時看到愛因斯坦不願意放棄，於心不忍便同意他倆的婚事，由於爸爸態度軟化，媽媽也就不好再堅持下去了。再過一年，愛因斯坦的大兒子杭斯艾柏出生了。

雖然家裡有這麼多事發生，工作也很忙碌，可是愛因斯坦一直很認真的專注在他深感興趣的物理研究上。他最感興趣的幾件物理現象是：絕對

與相對的運動，電磁力場，和原子及量子的存在。他多年來一直在探討的一些問題，因為他不停的廣泛閱讀和鑽研思考，一項一項都在他頭腦裡顯示出了答案。

　　1905 年，這一個人類科學史上奇蹟似的一年，愛因斯坦一口氣發表了五篇物理論文：〈液體分子大小和濃度以及溶化速度的關係〉（他的博士論文），〈光的輻射和能量〉（他因為這一篇論文而得到諾貝爾獎），〈一個測量原子大小的方法〉，〈細小物體在液體中的運動〉（布朗運動），以及最為重要的〈相對論〉。他在這些論文裡，介紹了好多改變歷史的新觀念。

　　他在這一年短短的幾個月裡，寫出這麼多革命性的物理理論，而又涵蓋這麼多不同的

主題，真叫人嘆為觀止。

　　愛因斯坦發表這些理論的時候，科學界正是處於一個極不穩定的狀態。除了電磁效應

＊一切運動都是相對的嗎？

什麼是相對？

　　假如你坐火車旅行的時候睡著了。你忽然醒過來往窗外一看，正好有另一輛更快的火車從旁邊經過。你是否會覺得好像你自己坐的這一輛在往後倒退？你的火車對於地面而言是在往前，可是對另一輛火車來說，不是倒退嗎？一切運動都是相對的。

　　一輛汽車在高速公路上以一百公里的時速往前開。車裡面有一隻蒼蠅以兩公里的時速往前飛。在車外面的人觀察這蒼蠅相對於地面的速度就是每小時一百零二公里。在這同時，地球相對於太陽以每秒鐘三十公里的速度圍繞太陽旋轉。而太陽相對於銀河系的中心又以每秒鐘兩百四十公里的速度圍繞旋轉。所以我們能觀察到的所有萬物都在動。你說，這蒼蠅到底飛得有多快呢？

　　所以我們要說一個物體的速度，必須有一個相對的環境作為基礎，才有意義。

＊科學史上兩個奇蹟年

　　在奇蹟似的 1905 年，愛因斯坦一口氣發表了五篇物理論文的這種天才表現，在科學歷史上有過一次極為類似的先例。差不多再早個兩百五十年，牛頓為了躲避當時的鼠疫流行，從劍橋大學回到安靜的家鄉，在短短的時間裡提出了微積分、白色光線的光譜，以及萬有引力定律。牛頓當時的年齡和愛因斯坦這時候差不多，也是二十幾歲。可能在科學研究方面，這樣的年紀是一個人最有創造力的時期吧。

方面的發現，一些頂尖的科學家正開始對於一些基本理論產生懷疑，對牛頓的萬有引力和光學上的一些理論開始有些探討。愛因斯坦因為在專利局工作，對學術界的接觸，不如一般在大學研究的教授那麼密切，所以我們不能確定他的論文究竟受了多少其他人的影響，但是這隔絕也可能反而使他更有獨立的發揮空間。

因為要了解愛因斯坦的這些論文主題都需要有相當程度的物理和數學基礎，在它們剛發表時，對於一般人而言實在沒有什麼意義，可是在當時物理學界，可就引起了很大的震撼。他提出光具有既是粒子又是波動的雙重性質，解釋了很多物理學家困惑多年的謎題。一般認為，所有物體運動有兩種方式：一是波動，就像池塘

中丟下一塊石頭引起的漣漪；一是粒子，就像被一根球棒擊中的球飛出的情形。他指出，光使物體發熱的一些現象顯示了粒子的一些特性，而光在被細縫干擾時又顯示了波動的一些特性。

他的相對論關於時間、空間和光速的討論，更對已經存在兩百多年的牛頓物理定律作了最大的挑戰。牛頓在科學歷史上的地位前無古人，愛因斯坦竟然敢提出截然不同的看法，這是他聰明才智加上無比勇氣的表現。

1906 年，一個年輕的科學家馬斯・方勞（後來也得了諾貝爾獎）因為對愛因斯坦的相對論深感興趣，特別從德國跑到瑞士伯恩來探訪他。

我們來看看這一天，方勞來到專利局的會客室，說明要

找愛因斯坦。過了一會兒，有個年輕人走進來，好像在找人。方勞看他穿著很隨便，年紀又輕，就沒有太注意。這個人望了望，走了出去，又走進來。方勞從來沒有見過愛因斯坦，不過看這人進出有點奇怪，這時候才問：「請問你是愛因斯坦先生嗎？」

愛因斯坦說：「對。我就是。」

兩人很熱烈的握手之後，愛因斯坦很高興的邀請方勞到他家裡去談話，還從懷裡掏出一根雪茄給方勞。方勞吸了一口，覺得那雪茄品質實在太差，體會到愛因斯坦太不講究生活享受，但又不好不給他面子，所以他們走到橋上的時候，他就假裝不小心，把雪茄弄掉進河裡去了。

方勞跟愛因斯坦說：「我們

通信這麼些時候了，我很高興今天總算能跟你見到面。到底是什麼樣的動機推動你完成這些論文？」

伴隨他招牌式的低沉而洪亮的笑聲，愛因斯坦回答說：「哈哈！這些都是我思考了多年的問題，最近總算學到一些數學方法，幫助我找到了解答；也有些是突如其來的靈感。比方說，為了我的博士學位，我需要交一篇論文。一天，我正在和好友貝索飲茶，討論要選擇什麼題目。我攪拌茶的時候，覺得加了糖之後，茶的濃度因而增加，攪拌起來比較費力，這是否跟糖分子的大小有關係呢？當晚我就細想這個問題，定出『液體分子大小和濃度以及溶化速度的關係』的論文題目。

「我把這題目寫了一篇十

七頁長的論文，送給在蘇黎世大學的指導教授克萊納。幾天之後，論文被退了回來，裡頭附了一張便條，說這論文太短。我很不高興，看來看去，覺得全文該說的都說清楚了，什麼都不缺，就在論文裡隨便加了一句話又送了回去。沒想到這次，克萊納教授竟然就接受了。哈哈哈！你說是不是很滑稽？」

方勞說：「哈哈！我想你能用最簡單的方式去解釋一個複雜的問題，這是一般人做不到的。人們對於與傳統觀念不相同的事總是不容易習慣的。可是因為你的推理正確，所以你的論文雖然短，教授也沒辦法不接受了。」

愛因斯坦說：「沒錯，人們對於傳統和習慣了的事常常不去懷疑。一般成年人不會思考

時間和空間的問題，因為這是他們年紀還小的時候就已經想過的問題。在成長過程中學到的一些被視為真理的常識，漸漸的否定了他們的疑惑。我因為發展得晚，到了成年才開始對時空的問題好奇，加上一些數學的訓練，所以能有比小孩更深入的追究。另一方面，我喜歡向傳統挑戰，也喜歡運用想像力去質疑最普通的現象，所以我做了這些研究。」

方勞說：「科學發展到現在，最容易讓一般人接受的，當然是實驗物理的證據。可是，你提出來的這些物理現象假設，牽涉的都是不容易做實驗的環境，例如，大到天上的星球近光速的運動，小到原子、電子和光微細的脈動。目前的科技，都沒辦法幫忙做有效的實驗。你用『思考實驗』

的邏輯方式或者是高深數學的推演來證明這些理論，怎麼知道究竟對不對呢？」

愛因斯坦哈哈大笑說：「我知道它們是正確的，因為它們的結論都是簡單而優美的。上天不需要把宇宙弄得太複雜，不是嗎？哈哈哈！」

愛因斯坦能這樣從複雜萬象中找出簡單優美的觀念，正是他最特殊的才能。

放大鏡

＊光速會改變嗎？

我們前面說，一輛以時速一百公里往前開的汽車，裡面一隻蒼蠅以兩公里的時速往前飛，在車外面的人觀察這蒼蠅相對於地面的速度就是每小時一百零二公里。如果車內的蒼蠅以兩公里的時速往後飛，在車外面的人觀察牠的時速就是九十八公里。

但是如果兩個天河星群，一個向著地球的方向推進，一個遠離地球而去，這兩個天河星群發出的光亮是否會以不同速度到達地球呢？

根據愛因斯坦的理論，不論發出光的物體相對於觀察者的運動方向是什麼，光速是永恆不變的。這個現象早已經有許多實驗和觀察證明了。

換句話說，如果兩艘太空梭以相對方向高速接近的時候，互相用光束照對方，兩個太空梭裡的太空人觀察到的光速和其他任何人在任何情況下觀察到的，都是一樣。

8 學術界的熱門名人

　　在一年之內，愛因斯坦一鼓作氣完成了這些論文後，開始受到學術界的重視。很多物理學家開始與他通訊討論。愛因斯坦的數學教授敏高斯基在他上大學的時候曾經說愛因斯坦是一隻「懶狗」，可是在相對論發表兩年以後，敏高斯基教授反而開始在學校裡大力鼓吹相對論。

　　幾何學在一般人所了解和觀察到的有三度空間：第一度是點，第二度是線，第三度是立體空間。敏高斯基以高深數學邏輯進一步推演，用第四度空間來解釋時間，肯定了相對論的正確性。

　　愛因斯坦很喜歡這四度空間的解釋，這是他從沒想到的

聰明方法。他跟朋友說:「敏高斯基教授當年罵得很對，如果我當初不懶，多花點時間在數學上，後來就不會這麼辛苦了。」

你看這一對師生從當年的互相輕視，轉變到後來的惺惺相惜，多麼有趣。這是因為愛因斯坦體會到數學對他研究的物理是極度重要的關鍵。

1909 年瑞士日內瓦大學建校三百五十週年，在慶祝典禮上要頒授上百個榮譽學位。他們要頒給愛因斯坦榮譽博士的邀請函寄到了愛因斯坦在專利局的辦公室。愛因斯坦看到大大的一個信封裡面，有一張很講究的紙，上面寫著很正式的花體字。他瞄了一眼，想大概不會是什麼有用的信，連內容都不看就往字紙簍一丟，根本不知道怎麼一回事。日內瓦大

學沒有收到愛因斯坦的回應，就託人轉告，請愛因斯坦這一天一定要出席。這傳話的人沒說清楚，愛因斯坦也沒問到底什麼事，就糊裡糊塗的去了。典禮開始了，愛因斯坦才知道怎麼回事。別人都穿著正式禮服，愛因斯坦身上只是平常穿的便服，頭上戴著頂草帽，就這樣領了他的第一個榮譽博士學位。

幾年後，他一直想在大學裡教書和做研究的願望，終於實現了。他離開了專利局，到蘇黎世大學當副教授。他的教學非常認真，上課時鼓勵學生隨時發問，下課還和學生繼續討論。有時候在咖啡屋談到打烊，再繼續到他住處去討論。他雖然很受學生歡迎，其他教授卻不喜歡他。他們覺得他不修邊幅，又對學生毫無架子，

好像減損了教授的尊嚴。所以有些人開始暗中排擠他。不到一年，在當時奧匈帝國布拉格（現在捷克的首都）的日耳曼大學邀請他去出任正教授，愛因斯坦也想換環境，於是就答應了。

這時候愛因斯坦在學術界的名氣已經很大，常常被邀請參加國際學術會議，跟當時有名的世界級科學家來往。拿過兩次諾貝爾獎的居禮夫人就對愛因斯坦的理論非常感興趣，因為在她最有研究的原子放射性方面的物理現象，用愛因斯坦的相對論可以解釋很多當時還沒有完全了解的問題。電子是以接近光速的高速在旋轉，而放射性又牽涉到質與能的關係，相對論在這兩方面都有很深刻的討論。所以他們兩人一見如故。

　　當時愛因斯坦不僅跟好幾位諾貝爾獎得主互相交流，他自己也被人提名角逐諾貝爾獎。可是因為他的理論還很受爭議，又有很多人把政治和種族的問題加到他個人身上，所以雖然被提名，愛因斯坦離得獎還有一段距離。

　　愛因斯坦夫妻兩個都不喜歡布拉格。一方面他們感受到當時奧匈帝國內猶太人備受歧視，一方面對生活水準比瑞士落後的布拉格不習慣。這時候愛因斯坦的老朋友，大學同學葛若斯曼正在母校蘇黎世聯邦技術學院擔任物理系主任，他希望愛因斯坦能回到母校教書。未經長考，愛因斯坦很快就答應了老朋友的邀請。這時候第二個兒子艾德華出生了。

　　愛因斯坦才回到蘇黎世不久，蒲郎克和能斯特（後來也

是諾貝爾獎得主）又想爭取他去柏林大學。

我們來看看 1913 年夏季裡的這一天，這兩位當時德國科學界的重量級人物連袂來到蘇黎世找愛因斯坦。

高瘦修長、玉樹臨風的蒲郎克教授開口說:「艾伯特，你這幾年來在物理學方面的貢獻不凡，我們希望你能到我們柏林大學來做研究，那裡的學術環境，是沒有別的學校比得上的。」

愛因斯坦很恭敬的回答：「蒲郎克教授，我對您一向最尊敬。您說的話最有分量。可是您知道，我雖然喜歡教書，可是我花在教書上的時間太多，把我做研究的時間都占去了。」

蒲郎克教授說:「以你現在這麼高的創造力，時間是最寶

貴的。這樣子吧，只要你肯來柏林大學，你可以做任何研究，不需要教書或擔任行政上的職務。」

坐在一旁，身材矮壯的能斯特說:「對。我們給你高薪，加上普魯士科學院院士的頭銜。你完全可以來去自由，想做什麼就做什麼。我個人的希望是能看到你在相對論方面有更進一步的發展。」

愛因斯坦笑著說:「當年我剛發表相對論的時候只有艾丁頓懂，現在有人說全世界只有十二個人懂得相對論。」

能斯特馬上回答他說:「是呀，可是其中有八個都住在柏林。」

三個人都大笑了起來。

愛因斯坦說:「你們給我的條件實在好得教人無法拒絕，不過還是讓我考慮一下好嗎?」

蒲郎克教授說：「那當然可以。這樣子好了，我和能斯特想到這附近去看有名的瑞士山景，你就藉此機會想一想吧！」

愛因斯坦天真的童心又起了新鮮主意，他說：「太好了。你們回來的時候，我去火車站接你們。假如你們看見我拿一朵白玫瑰花，就表示我不去柏林。假如我拿的是紅玫瑰，我的決定就是接受你們的聘請。如何？」

後來，蒲郎克和能斯特從山上遊覽回來，下火車的那一剎那，兩人都鬆了一口氣。因為他們看見愛因斯坦站在月臺上，胸前插著一朵紅玫瑰。

兩位訪客以為愛因斯坦只是被優厚條件和高薪說動，其實他們不知道，在愛因斯坦心中還有更重要的一件研究——觀測星光轉彎。

9 　重返德國

　　雖然愛因斯坦在他才十幾歲的時候就放棄了德國國籍，可是在這麼優厚的待遇之下，他在 1914 年又回到了德國。而普魯士科學院是當時德國皇帝親自領導的，要求所有院士一定要是德國人，所以他們又恢復了他德國國籍，愛因斯坦對這件事半推半就，並不很情願。他對高薪並不看在眼裡，可是他需要為一家人的生活著想。對他而言，物理學比什麼都重要，他希望柏林大學的環境能供他專心一志的研究相對論。他這幾年的苦心奮鬥，是要把狹義相對論擴展為廣義相對論。

　　另一方面，他早期發表的論文，指出光線會受重力影響

而轉彎。因為光速太快，這現象要很大的星球和很長的距離才看得出來，平常是沒有辦法觀察出來的。聰明的他想到，最近的大星球就是太陽。但是太陽那麼亮，白天什麼星星都看不到，唯一機會只有趁著日全蝕的時候，觀察靠近太陽的星光，才可以測量出星光受太陽的影響而彎折。有一位德國天文學家接受他的建議，願意在 1914 年 8 月底到俄國南部（那是那次日蝕的時候唯一有日全蝕的地方）做這個實驗。愛因斯坦則留在德國，如此才能夠比較方便連絡此事。

誰知道愛因斯坦接受了柏林大學的工作，搬到柏林沒有多久，跟太太米列娃就吵得不愉快了。我們來看看這天晚上，兩個兒子睡著後，夫妻倆鬥起嘴來的情形。

米列娃很激動的說:「我受不了德國,我要走了。」

愛因斯坦正在看書,有些不太情願的抬起頭來說:「妳曉得我也從小就不喜歡德國,我連德國國籍都放棄了。可是這裡的研究環境這麼好,有這麼多物理學同行可以跟我討論學問。這在別的地方哪可能呀?」

米列娃提高音量說:「討論學問?依我看,你喜歡柏林的原因,恐怕是因為你的表姐艾爾莎在這裡吧?誰不知道你們倆青梅竹馬,現在她離婚了,你們又舊情復燃?你說,你過去幾次到柏林來開會,是不是每次都跟她見面了?」

愛因斯坦一時答不出話來。

米列娃哭起來說:「我就知道!你說我怎麼好過?你媽媽和妹妹從來就沒有贊成過我們

的婚姻，現在你又移情別戀，我心裡的苦能向誰說？你平常只知道鑽研你的學問，家事一點都不管。我為了這個家，把我自己對物理研究的興趣完全放棄了。你還記得當年對我的諾言嗎？你說我們兩個人一起做研究，現在你根本不跟我談你的理論了。你說，這個婚姻還有什麼意思？」

愛因斯坦說:「米列娃，是妳自己對物理不感興趣了，怎麼能怪我呢？我並不想離婚，妳並沒有做錯任何事。妳知道我好疼惜兩個孩子。」

米列娃說:「你疼他們是沒錯，可是你照顧到了他們的生活嗎？我已經跟他們說過了，我要帶他們去瑞士。」

愛因斯坦一聽這話，想到要跟自己最親的兩個兒子別離，慚愧自己確實是只顧自己

的學問，沒有作個好爸爸，雖然疼愛孩子卻沒有什麼實際行動。心中一酸，眼淚流了下來。他轉頭看著兩個沉睡的孩子，心如刀割，對米列娃說：「妳真的要走嗎？」

米列娃擦乾眼淚說：「對。我已經決定了，明天就動身。」

愛因斯坦哭著說：「米列娃，沒想到我們會有這一天。常寫信給我，告訴我兩個兒子的情況，好嗎？」

就這樣，米列娃帶著兩個兒子去瑞士了。愛因斯坦除了留下幾件最簡單的必需品以外，其餘家具全都運送到瑞士給他們使用。愛因斯坦非常想念孩子們，常常給他們寫信，有假期的時候也去瑞士，帶他們去遠足或者划船。他對於不能跟兩個兒子住在一起，幫助他們讀書，覺得很遺憾。

　　愛因斯坦的不如意事，還不只是這一樁。

　　1914 年 8 月 1 日，德國向俄國宣戰，過兩天又向法國宣戰，接著入侵比利時又把英國拖進戰場。這離日全蝕的日期只差了幾天，一夕之間，俄國成了德國的敵人。那位德國天文學家準備了多年，經常來到俄國探勘，沒想到事到臨頭竟然功虧一簣。他們才剛剛把望遠鏡架起來，整個天文探測隊就被俄國軍隊誤以為他們要做間諜工作，沒收了所有儀器設備，全部被逮捕起來。後來他們跟幾名俄國軍官俘虜交換，才被釋放出來。愛因斯坦當然很失望，因為下一個能在陸地觀察的日全蝕，又要等上好幾年。

　　關於德國在國際間的各種軍事和戰爭活動，當時德國有

九十三名學者和教授簽署一項聲明支持政府，說德國這樣的作法是有道理的，是保護日耳曼民族文化的必要行動。愛因斯坦一向反對戰爭，他不但沒有在這份聲明中簽字，反而還和一名同事寫了另一份促進和平的反戰聲明。這份反戰聲明，包括愛因斯坦自己，只有四個人簽署。本來愛因斯坦因為是猶太人，在德國就已經相當受歧視了，現在他又反戰，更被很多激進分子戴上叛國的大帽子，有更多人想排擠他了。

放大鏡

＊陸上與海上觀測日全蝕有什麼不同？

日全蝕發生，是因為月球把太陽完全遮蔽住。因為月球比地球小很多，觀察到日全蝕的地區不大。海的面積占地球百分之七十，所以可觀察到日全蝕的可能性高了很多，也不會像陸地上有那麼多障礙物。可是航海去觀察天文也不簡單，不僅花費很高，船身搖擺不定，照起相來也有很多技術上的困難。所以其實各有利弊。

10 為研究付出健康代價

　　雖然愛因斯坦有如此多的挫折，但是他還是能專心一志的做學問。他自從 1905 年發表那些論文之後，對於狹義相對論還不滿意，他一直努力思考，想要推廣相對論的理論來解釋更多的宇宙現象。現在他的太太帶著孩子走了，他一個人雖然寂寞，可是反倒促使他把全部心思集中在學問上。接下來幾個月，他靈感泉湧，日以繼夜的拚命、瘋狂工作，1915 年年底完成了廣義相對論，第二年在物理學刊上發表了這個很多人稱讚為人類最偉大的科學成就的理論。

　　愛因斯坦最令人佩服的天才，是他先以假設的方式提出這些打破傳統的理論，用高深

數學方程式表現出這些物理現象，又提出試驗它正確性的實驗方法，然後又一一的證實了這些理論。

愛因斯坦本來就是不會照顧自己的人，他努力研究的這幾年，生活更不正常。有一次他的外甥女來探望他，很意外的發現他煮的湯裡頭有他的手錶。另有一次，他邊看書邊吃東西，居然連雞蛋殼也一起吃進肚子裡去了。看到這種情況，愛因斯坦的表姐艾爾莎實在不忍心，就帶著兩個女兒搬到愛因斯坦的附近住下來，希望能夠好好照顧他。可是愛因斯坦不顧自己的身體，再接再屬的又寫出好多篇論文。如此幾年的辛勞終於把愛因斯坦壓垮了。

1917 年秋天，愛因斯坦病倒了。兩個月之內竟然瘦了二

十五公斤，他以為自己得了癌症，馬上就要死了，結果原來是胃潰瘍。原因一方面是他的工作過勞，一方面是由於戰時糧食的缺乏。艾爾莎更加仔細的照料他的飲食起居。愛因斯坦即使到了這個地步，還是在寫論文或者跟同行討論。他的親友實在拿他沒辦法。

　　愛因斯坦雖然很疼他的兩個兒子，可是跟太太米列娃的關係越來越糟。兩人終於決定離婚。愛因斯坦答應，如果他得了諾貝爾獎，獎金全部給米列娃和孩子們。

　　1918 年年尾，德國投降，第一次世界大戰結束。愛因斯坦身體漸漸恢復健康。第二年年初，他跟米列娃正式離婚，年中跟他表姐艾爾莎結了婚。

　　在大戰期間，英國天文學家艾丁頓聽到了愛因斯坦對光

線會受重力影響而彎曲的預測，而在 1919 年 5 月，有個日全蝕的機會，可觀測星光是否受重力影響，艾丁頓很想做這個觀測的工作。他四處遊說籌備，計劃在 1919 年 5 月底日全蝕的時候照相存證。英國派了兩支測量隊去可以觀察到日全蝕的地方：一隊去巴西北部，另一隊由艾丁頓領隊，去非洲西部外海的普林西島。

　　1919 年 5 月 29 日這個重要的一天終於來到了。艾丁頓一醒來就喊聲不妙，外面正下著傾盆大雨。他焦慮的在房裡走來走去，一直等到下午雨勢才停，他趕快衝出去架起照相機拚命拍照。因為日全蝕，四處黑暗，加上當年的照相機每照一張就要抽換一次底片板，所以他只能拍到很有限的幾張照片。等到照片沖洗出來，他發

現很多張的星光都被雲層遮蔽住了，只有一張照片清楚拍出星光。經過他仔細計算，星光彎折的角度，正符合愛因斯坦的預測。他興奮極了，可是擔心這單獨一張照片怎麼能去說服那麼多科學家的疑惑。

艾丁頓長途跋涉回到英國，與另一觀測隊會合之後，很高興的發現另一隊的成果輝

放大鏡

＊問星星，今夕是何夕？

　　找一個晴朗的夜晚，抬頭看看滿天星斗。你是否曾經想過，有些星光在太空中已經旅行了好久才到達地球？有些是幾年，有些是好幾十年，有些甚至是好幾百萬年。它們現在的樣子可能已經不一樣了，位置已經改變了，甚至於有些星球可能都已經不存在了。

　　人類肉眼看不見，但是現在用儀器可以偵測到的最遠的星光，離開那星座已經超過百億年了，那個時候包括地球在內的太陽系都還沒有誕生呢！處女星座之中觀察到的天河系的星光，是三千八百萬年前出發的，那時候地球上只有猿猴，人類都還沒有進化出來呢！就連距離太陽最近的恆星發出來的光線，都需要四又三分之一年，才能到達地球。

　　我們的「現在」跟那些星球的「現在」是不同的。所以我們在考慮宇宙中的問題時，時間和空間都要包括進去。

煌，有七張照片可用。他回到任教的劍橋大學，仔仔細細的整理所有資料，並重複度量計算星光彎折的角度，確定無誤了，才決定公開結果。

11 世界各國的崇拜與反對

　　我們時空旅行走了一遭，又回到了出發點的 1919 年 11 月 6 日。英國皇家天文學會宣布，愛因斯坦預測星光受到太陽重力影響會轉彎的理論，依照片證據顯示，是完全正確的。一夜之間，愛因斯坦成了世界知名人物。

　　因為他的理論剛剛出現在一般大眾之前，又需要高深的物理數學基礎才能理解，所以一般人的反應五花八門，無奇不有。有稱讚他的人佩服他的超人天才智慧，但大多數的人不懂得他的理論究竟是什麼，更有很多人懷疑甚至攻擊他，說他隨便猜測，說他胡說八道，說他是騙子，居然還有人說他是瘋子。很多歧視猶太人

的人也藉此機會打壓他。

德國一個反猶太人的組織出版一本書，請一百位學人撰文說明愛因斯坦的相對論是錯誤的。愛因斯坦對大多數的攻擊都一笑置之。他大笑著說：「如果相對論是錯的，只需要一個人寫就行了，何必麻煩一百個人呢？」

關於人們對於他那複雜的國籍問題有各種解釋，愛因斯坦也覺得好笑。他說:「今天大家對相對論感興趣的時候，德國人說我是德國科學家，英國人說我是瑞士籍猶太人。如果大家覺得相對論是錯的話，情形就會相反了。德國人會說我是瑞士籍猶太人，英國人會說我是德國科學家。」

愛因斯坦一夕之間聞名國際之後，各國紛紛邀請他去演講。他實在不喜歡旅行，每次

出門又總是會有忘掉東西的事情發生。不過愛因斯坦一方面向各國科學界解釋相對論，一方面也藉此機會宣揚自己的一些理念。他去歐洲其他國家的時候，希望能促進歐洲科學家們更密切的研究合作，更進一步，他希望各國能拋開國家主義，組成他一向大力推動的歐洲聯盟。他在國外的名氣越來越大，但是同時，在德國的反猶太人組織也越來越把他當成眼中釘。

愛因斯坦不能了解：「為什麼在我自己出生地的德國，有這麼多人反對我呢？」

他的好朋友跟他分析說：「恕我直言。有一些物理學家確實不相信你提出的相對論。這些人對自己辛苦的成就沒有得到任何認可，但是看到你的似乎不合常理的理論卻空前的

受歡迎，心裡難免不是滋味。另外有些人，且不論是否相信相對論，對你在第一次世界大戰期間，不但沒有對德國作出犧牲貢獻，還提出反戰宣言，甚至於向敵國示好的行為，相當不滿。他們不能諒解你的出發點是為了世界和平。他們看見你被推崇，覺得無法忍受。」

愛因斯坦說：「這些學者聯合起來發表言論反對相對論，至少還是理性的作法，有一些反猶太人組織就偏激得多了，最極端的甚至於對我做出暗殺的恐嚇。有一次我在柏林演講，一名學生突然大喊：『我要割斷這個猶太人的喉嚨！』」

他的朋友說：「是呀！我聽說，幕後主使者提供懸賞金要你的命，但是這幕後主使者雖然被捕，只付了相當於十六塊美金的罰款就給釋放出來了。

顯然司法當局的主事者對你也有同樣的偏見。」

　　愛因斯坦笑呵呵的說:「我想這些人過一陣子就會把我忘了。」這位偉大的天才，這件事卻預料錯了。這批反對他的人，始終沒有改變他們的立場。

　　1920 年年初，愛因斯坦的媽媽寶琳得了胃癌，妹妹瑪雅陪著她搬到柏林愛因斯坦家中住下。愛因斯坦眼見媽媽臨終兩個月的痛苦，心中難過得不得了。母親去世之後，他傷心的哭著跟朋友說:「我一生中最重要的人，我的父母親，都過世了。我覺得我想有偉大成就的願望都不知道消失到哪兒去了。」

　　愛因斯坦剛剛失去了慈母，德國國內又有那麼多反對他的人，相較之下，他的出國

演講旅行就愉快多了。他在當時奧匈帝國的布拉格（現在捷克的首都）和維也納（現在奧地利的首都）都造成了轟動。

而愛因斯坦的美國之行是以色列建國的推動人威斯曼贊助和陪同的。當時英國剛把巴勒斯坦劃分出來給猶太人建國，威斯曼籌款要在耶路撒冷建立希伯來大學。他心想猶太人在美國的財力雄厚，如果能請正在全世界走紅的愛因斯坦到美國巡迴演講一趟，必定能夠吸引猶太人來捐款。

現在讓我們一起來看愛因斯坦所搭乘的船，剛接近紐約碼頭，就已經受到旋風式歡迎的盛況。他下船的時候，頭上戴頂帽子，脖子纏條圍巾，一手拿著煙斗，另一隻手臂彎裡還挾著他寸步不離的寶貝小提琴，就像個街頭音樂家一般。

聞風而來湊熱鬧的人，看到這全世界最有名的物理學家，竟然和他們想像中的模樣完全不同，這實在太戲劇化了，群眾因此更是瘋狂。

愛因斯坦所到之處，人們把他當成電影明星一樣的崇拜，連他早餐吃什麼都要問。愛因斯坦一行人馬不停蹄的走訪了紐約、芝加哥、波士頓、紐澤西、克里夫蘭和華盛頓。愛因斯坦對美國人的好奇，一方面欣賞，一方面又有些受不了。他喜歡是因為他自己就是好奇心特別強的人，但是新聞記者窮追不捨的結果，讓他這個口無遮攔的人，發表了好多不恰當的話，美國全國的報紙一再互相轉載，收也收不回來了。不過不論如何，他們募到了一批可觀的捐款，足夠興建希伯來大學的醫學院了。

　　結束美國之行後，愛因斯坦再到英國、比利時和法國去訪問演講。一次大戰期間跟德國敵對的英國，對這位物理天才熱烈歡迎。愛因斯坦的星光彎折的預測就是英國天文學家觀測證明的，這給愛因斯坦和其他很多人一個新希望，認為國際間科學研究的合作，應該很快就可以恢復了。

　　1922 年的秋天，日本邀請他去演說。愛因斯坦乘船往返日本的路上，還前後兩次順道到中國上海去訪問，因為上海有很多猶太人。1921 年 11 月 10 日，愛因斯坦搭乘的船快要到上海的時候，他在廣播中聽到新聞，才知道自己得到了全世界公認的代表學術最高成就的榮譽——諾貝爾物理獎。

12 諾貝爾獎也改不了他

　　愛因斯坦被提名了那麼多年才得到諾貝爾物理獎，一方面固然是由於總是有人蓄意反對，另一方面諾貝爾獎評審委員會確實也有考量的為難處。當初諾貝爾獎的創始人阿佛雷・諾貝爾訂下的標準指明，得獎的必須是一種對人類有貢獻的新發現。愛因斯坦最重要和最有名的相對論，到底算不算是一項發現？當年也看不出來對人類究竟是否有用。不過愛因斯坦提出來的光的輻射和能量的關係，也就是光電效應，倒是已經有了很重大的實用價值，在工業上開始產生革命性的影響了。

　　這全世界矚目的諾貝爾獎另外挑起的，是愛因斯坦複雜

的國籍問題。瑞士和德國政府都聲稱愛因斯坦是他們的公民，兩個國家的大使都爭著要陪愛因斯坦到瑞典首都領獎，以便能跟瑞典國王同席享用國宴，贏得國際尊重，促進外交。可是因為愛因斯坦人還在亞洲，無法參加頒獎典禮，所以最後的折衷辦法，就是由德國駐瑞典大使代表領獎，然後等愛因斯坦回到柏林之後，再由瑞士駐德國大使轉交。

愛因斯坦得到諾貝爾獎的時候，是他的光線轉彎預測被證實後的第三年，距離他提出相對論的第一篇論文已經十七年了。本來已經相當出名的他，這麼一來更是家喻戶曉了。且不說各國對他的邀請一個接著一個，更有很多稀奇古怪的要求紛紛而來。有女演員向他求婚，有高中生請求作他

的門徒，更有一大堆精神異常的幻想者請愛因斯坦替他們證明一些理論和發明。有一個人說他發明了新的感官，因為愛因斯坦的理論把時間看作第四空間，所以人類原有的五種感官不夠用了；也有人把所有天文學推翻，發明全新的天文學；還有人發現了新的數學公式。

當然，也有不少人在諾貝爾獎的獎金上打主意，向愛因斯坦借錢或者說服他投資。其實，愛因斯坦已經兌現他的諾言，把獎金全部都給了米列娃和孩子們，這事連他的好朋友都不知道。以愛因斯坦的個性，他對於因為出名而帶來的這些麻煩當然是很受不了的，可是若有人需要他的幫忙，他仍然儘量的伸出援手；對於無理反對或是仇恨他的人，他則是

依然一笑置之。

　　得了諾貝爾獎的愛因斯坦變成遊客到柏林爭相探望的「明星」。每次愛因斯坦要在大學演講的時候，講堂總是擠滿了一大堆好奇的聽眾，只為了要看這個世界名人。愛因斯坦剛開始會先講幾句話，然後說：「我現在停下來幾分鐘，好讓那些不感興趣的人可以離開。」等到所有觀光客都起身出門之後，通常只剩下幾個很認真的物理系學生。

　　名氣完全沒有改變愛因斯坦的童心，他還是像個頑童一般的喜歡開玩笑。他在電梯裡，喜歡控制電梯按鈕，常常時上時下，可就是不停在別人要的那層樓，搞得別人啼笑皆非。他太太艾爾莎說他總是穿同一件舊衣服的時候，他說：「我以後在胸前掛個紙條說，

這件衣服剛剛才洗乾淨的。」有一次他跟一群知名的朋友吃飯的時候，有人向他挑戰，打賭看他能不能不脫外面的西裝而把裡面的襯衫脫掉。他馬上接受挑戰，開始在座位上扭曲折騰，全身掙扎。經過了好長一段時間，眼看他非認輸不可的時候，他再奮力一扭，竟然真的把裡面的襯衫脫了下來。只見他手上揮舞著皺成一團的襯衫，抱著肚子大笑。

雖然愛因斯坦自己像個長不大的孩子，可是他對自己的兩個兒子非常關心。他常常從柏林坐十個小時的火車，長途跋涉到瑞士去探望他們。大兒子杭斯要當工程師，愛因斯坦本來反對，後來想起當年父親希望自己讀電機工程，自己卻偏要學物理的情形，他也就讓步了。杭斯二十一歲那年，還

沒有找到工作，就要跟一位比他大九歲的女士結婚。愛因斯坦和米列娃兩人都反對，可是和愛因斯坦自己的經驗一樣，父母的反對並沒有用，婚禮照常舉行。幾年之後，結果真如愛因斯坦的預料，杭斯和妻子離婚了。

　　愛因斯坦的小兒子艾德華從小就像個天才，鋼琴彈得極好，讀書過目不忘。他的好學和超強的記憶力讓愛因斯坦引以為傲。可是艾德華長大之後，性格開始古怪得教愛因斯坦擔心。他總是怪愛因斯坦遺棄了他們，這當然讓愛因斯坦心裡很難過而又有罪惡感。每次愛因斯坦發表論文，艾德華就寄信指責和攻擊愛因斯坦。愛因斯坦總是覺得他受了米列娃家族遺傳的影響，精神有問題。不幸的是，像杭斯一樣，

愛因斯坦對他小兒子的擔心也一樣的預料準確——艾德華二十幾歲的時候，就因為精神崩潰進了精神病院。米列娃心力交瘁的照顧著他，對愛因斯坦不在身邊分擔辛勞，當然就更加怨恨了。

13 新的挑戰
—— 量子力學和統一場論

除了家人的一些嚴重問題以外，愛因斯坦最關切的物理學方面，也產生了最令他不安的發展。那就是海森堡的「測不準原理」經過波爾、波恩、施丁格的研究和證明，開始得到物理學界的認可。這個理論認為，原子內部的世界，是一個只能用機率去解釋的現象。就如同當年愛因斯坦提出光又是粒子，又是波動一般，當我們用偵測粒子的儀器去測量，它就顯示出粒子的行為；用偵測波動的儀器去測量時，它又顯示出波動的行為。同樣的，當我們對電子的位置測得越精確，對它的速度就越不了解；對電子的速度測得越精確，對它的位置就越不清楚。所以對

於原子內部，物理學家必須以統計學的方式來預測它的行為。這理論就是現在我們所說的量子力學。

愛因斯坦對這個解釋沒辦法接受。他跟波恩說:「我認為自然界的一切應該都可以用因果律來解釋，也就是說，一切自然的現象一定都可以用物理定律去解釋或者預測它的結果。我的直覺告訴我，量子力學雖然想解釋很多現象，可是並非真理。它沒有使我們更了解宇宙的祕密。我相信，上帝不會玩骰子。」

愛因斯坦反對量子力學的態度堅定，聽不進別人的理論，就好像當年他的對手攻擊他的相對論一般。很多物理學家用各式各樣的方法想要說服愛因斯坦，可是沒有人成功。同樣的，愛因斯坦也不停的提

出一些難題，想要證明量子力學的謬誤，但是他也沒有成功。其實愛因斯坦並不是看不到物理學的新發展，最主要的原因還是他基本的信仰。他認為自然界的一切都有簡單而固定的法則，所有的現象都可以用定律解釋，絕不是未知數，也不能用機率來決定的。

有趣的是，當年愛因斯坦提出相對論的時候，大多數人也都覺得他的理論違背了一般常識。但是經過一些實驗和觀察，他的理論得到了證明。然而量子力學的情形更複雜。一方面是因為當時的儀器設備還沒有發展到可以做這樣的實驗，另一方面量子力學所討論的，正是實驗和觀察無法確定的量子的狀態，這樣的矛盾，已經到了哲學的範圍了。很多頂尖的物理學家和哲學家也都

束手無策，不知道怎麼去解決這個難題。

另一件有意思的事是，其實愛因斯坦對於量子力學的誕生也有一些影響和貢獻，可是因為他對於它的基本觀念不能認同，所以他一直在抵制它。

愛因斯坦說：「除了不能接受量子力學之外，我的理想在於『統一場論』。我認為重力和電磁力應該具有同樣性質，我想把重力、電磁力、光、熱、質量、能量，種種物理現象，全部用一種理論來通盤解釋。」他對這個目標抱著極大的期望，鍥而不捨。他整個後半輩子的精力，幾乎全放在這上面。

當年數學的發展還不夠成熟，愛因斯坦需要花很多的力量在尋找數學工具上，所以他開始與物理學主流漸行漸遠。

　　當時世界各地很多物理學家都覺得這是很遺憾的事，因為他們認為愛因斯坦的天才，也許可以領導物理學踏入新的境界。有人甚至於猜想，如果愛因斯坦接受了量子力學的觀念，說不定對他探討「統一場論」有幫助，可能他會有再一次革命性的突破呢！可惜，愛因斯坦很固執自己的主張，同時，他的年齡也不再是創造力最高峰的青年期了。

14 政治的智商不太高

除了物理學，愛因斯坦把很多注意力放在和平主義和以色列建國上。他從小就很討厭軍隊和戰爭，成年之後，這種感覺轉變成了反戰主義。另一方面，因為他有很多親身經歷和親眼目睹猶太人被欺負或歧視的經驗，所以他堅信猶太人需要有一個自己的國家，才能得到真正自由平等的待遇。

他的這些想法當然是很有意義的。可是，愛因斯坦是一個善良純真的人，就像個小孩子一般，對於社會的複雜和政治的權術根本一竅不通，凡事又太過理想化，所以他很容易受到別人的影響或者利用。在愛因斯坦得了諾貝爾獎後的幾年，他一直是很多政治團體爭

相拉攏或者攻擊排擠的對象。就拿聯合國的前身——國際聯盟來說，愛因斯坦一下子擔任它的重要成員，一下子又因為理念不合而辭職，反反覆覆好幾回合，大家都被搞糊塗了，不知道愛因斯坦的立場究竟如何。

愛因斯坦的想法到底是如何呢？他說：「我反對戰爭，可是一個像德國這樣的國家開始侵略鄰國的時候，怎麼樣才能制止得了呢？雖然一個國家被侵略的時候，它的國民有義務捍衛祖國，可是我反對動武，我覺得武器是一切戰爭的禍端，人們應該反對任何製造武器的工業。我原本希望國際聯盟能成為一個維護國際秩序、確保世界和平的組織，可是國際聯盟如此的軟弱無能，我不願意再支持它了。」

　　前面提到過，當時猶太人正在巴勒斯坦準備建國——以色列。推動這運動的猶太復國主義組織跟愛因斯坦的關係也是不簡單。愛因斯坦說:「我沒想到以色列建國這件事會牽涉這麼複雜的國際政治問題，比我最喜好的物理學要困難多了。我贊成猶太人需要有自己的國家，可是我反對鼓吹民族主義。德國納粹黨不就是假借民族主義的名義來歧視和壓迫猶太人嗎?」

　　對猶太復國主義組織來說，他們找到了像愛因斯坦這樣一個世界聞名的猶太人作發言人，當然難得，可是他們沒想到愛因斯坦對民族主義是這樣的看法。他們覺得愛因斯坦的說法莫名其妙，反而製造出了一大堆難以收拾的麻煩。另一方面，愛因斯坦的反戰思想

強烈，他主張與阿拉伯人和平相處，這是很多猶太人沒辦法接受的觀念。愛因斯坦認為以色列應該是一個代表猶太人文化的國家，但是猶太復國主義組織主張它完全是一個政治的個體。所以，猶太復國主義組織也不知道拿愛因斯坦如何是好。

愛因斯坦作學問的熱忱雖然還是很強烈，可是工作的挑戰性越來越大，加上隨著年齡的增加，創造力的減緩，他越來越感到吃力，愛因斯坦又病倒了。他的太太艾爾莎和他的醫生很嚴格的約束他的生活起居，並且僱用了杜卡斯女士擔任他的祕書。

愛因斯坦在大家仔細照顧之下，漸漸復原。樂觀的他跟朋友說，生病是件好事，因為生病的時候反而有機會教我們

多多思考。

　　轉眼愛因斯坦快要五十歲了。柏林市議會想好好的慶祝這位聞名國際的柏林市民的生日，因此有人提議買棟房子送給愛因斯坦。因為他喜歡泛舟，市政府就在市區湖濱選了一幢座落在松林中的房子，準備送給他，當地報章還刊登出那個住宅的照片。等到艾爾莎作搬家準備，去看房子的時候，才發現屋裡已經住了人，而且根本沒有搬出來的意思。

　　這幢房子確實是柏林市議會所擁有的，可是它早已經簽約租出去了。市議會一發現這情形，馬上應變，宣布要把附近的一塊地送給愛因斯坦。現在這份禮物變成只有地了，愛因斯坦必須自己出錢蓋房子。愛因斯坦答應接受之後，又發生了新的狀況。原來當初市議

會把那一區的房子租出去的時候，已經答應社區不再允許興建其他房子，以免風景被破壞。所以愛因斯坦即使有了這塊地，也不能蓋房子。

接著，市議會為愛因斯坦選了第三塊地，卻發現這塊地根本就不是市政府的財產，市議會哪裡能把它送給愛因斯坦呢？這個時候，柏林市議會早成了個大笑話。為了解決這件難堪的事件，市議會決定請愛因斯坦自己去找一塊地，由市議會來代為購買。後來艾爾莎在郊區找到了一塊地，市議會也答應馬上開會表決，此時卻有一位與愛因斯坦政治立場相對的議員提出質疑：愛因斯坦是否有資格接受這禮物。可能是這位議員故意要讓市政府出醜，也有可能是他對猶太人歧視的表現。

　　經過一番折騰，愛因斯坦
寫了封信給柏林市長，很客氣
的謝絕了市議會的這份禮物。
他說謝謝市議會的一片善意，
不過，他的生日已經過了，所
以這禮物也就沒理由接受了。

　　可是愛因斯坦夫妻很喜歡
他們最後找到的這塊地，所以
他們就決定自己掏腰包，拿出
所有的存款買下來，請建築師
設計，蓋起了新家。這個新家
對愛因斯坦來說，實在太理想
了。它座落在人煙稀少的郊區
松林中，北邊有一連串的湖和
河。從愛因斯坦堆滿了書的書
房，就可以看到湖中的白帆。

　　最重要的是，這裡交通不
便，來一趟需要先搭火車，轉
乘巴士，再改步行，讓很多愛
因斯坦想躲避的人，知難而
退。夫妻倆連電話都不裝，所
以常有不速之客在門前出現。

曾經來訪的有美國反戰組織的
成員，有後來發明核子分裂的
杭恩，還有印度大哲學家泰戈
爾。

15 最後一次離開德國

我們再來看 1930 年 12 月，愛因斯坦應加州理工學院邀請，第二次訪問美國的景況。船行經過紐約的時候，需要在港口停留五天。愛因斯坦本來不準備下船，打算留在船上看書工作。沒想到他在船上的消息走漏，好多人想見他一面，愛因斯坦只好上岸露面。五天下來，每天都有數不清的活動，他甚至還得了紐約的榮譽市民。直到船從紐約收錨啟程再出發，他才鬆了一口氣。

船從紐約經過巴拿馬運河，年底到達美國西岸的聖地牙哥。船還沒靠岸，我們已經遠遠的看到，有一大堆記者和攝影師等著了。愛因斯坦和艾爾莎被豪華轎車接到加州理工

學院所在地帕撒丁納。他們見了名作家辛克萊和有名的諧星卓別林。愛因斯坦固然很高興見到這些名人，不過他最感興趣的是帕撒丁納威爾遜山的天文臺，他想用世界最大的望遠鏡觀察天象，並且跟天文學家和物理學家討論天文學。

這次的造訪，是由有名的天文學家哈伯陪他觀察無邊無際的太空。

哈伯跟愛因斯坦說：「根據我們研究的估計，宇宙中至少有三千萬個像銀河般的星系，每個星系又有幾千億顆恆星，星系間的平均距離差不多是一百五十萬光年。我們的測量結果顯示，星系在以接近光速的速度遠離地球，而且離地球越遠的星系，飛離的速度越快。」

愛因斯坦聽了很高興：「太好了！我的相對論早就推測出

宇宙在擴張膨脹。現在聽到你的觀察結論以後，我又覺得很後悔。我最初採用的數學計算式顯示宇宙在擴張，可是我當時覺得宇宙應該是靜止的，所以就在計算式裡加了個『宇宙常數』，讓這個計算式可以成立。如果我不加這個宇宙常數，這計算式就已經是最正確的了。哈哈！這是我犯的一個大錯誤。」這次的訪問，愛因斯坦對美國科學界的設施完備和人民的積極熱情，留下了很好的印象。

愛因斯坦結束美國的訪問，又去英國牛津大學演說後才回到柏林。這時候德國的政治形勢變得相當險惡。希特勒的納粹黨漸漸得勢，他們反猶太人的行動越來越激烈，對愛因斯坦生命安全的威脅也越來越公開。愛因斯坦的好友們都

勸他早早離開德國。

　　這時候美國人佛萊斯納積極的遊說愛因斯坦，希望他能加入就要成立的普林斯頓高等研究所。另外，英國的牛津大學和美國的加州理工學院也積極爭取他。結果，普林斯頓的各種條件最符合愛因斯坦的要求，他們贏得了這場轟動世界的爭奪戰。不過，這時候愛因斯坦答應的並不是全職專任的職務，他雖然知道留在柏林很危險，可是他還是留戀他在柏林可以方便的與物理學界的專家研究學問。對他來說，沒有一件事比物理學更重要。

　　這一天，普林斯頓的佛萊斯納向愛因斯坦詢問希望的待遇時，愛因斯坦傻住了。他根本對日常生活需要多少錢過活，一點概念都沒有。他說：「一年三千塊美金？」佛萊斯納

聽到他要求的這麼少，不禁笑了起來。愛因斯坦以為自己要多了，就馬上說：「我是不是再少一點就夠過活了？」佛萊斯納大笑著說：「你要得太少了。三千塊美金哪裡夠？我還是跟你太太商量吧！」佛萊斯納和艾爾莎談了之後，他們同意每年薪水為一萬美金。誰知道這數字傳到普林斯頓投資人的耳裡，覺得太低了，所以就加到了每年一萬六千美金。

　　1932年的年底，愛因斯坦舉家離開德國柏林到歐洲其他國家訪問。出發之前，愛因斯坦知道情勢不妙，心情沉重的對艾爾莎說：「妳好好的回頭看看這房子，妳再也見不到它了。」艾爾莎回答說：「你就喜歡開玩笑、說傻話。」沒想到，愛因斯坦說對了，他們倆再也沒有回來過。

　　1933 年，德國已經被民族主義者控制了，他們其實是藉民族主義的口號去壓迫其他弱勢民族的執政者。愛因斯坦被正式警告不要回德國，因為他收到了很多對他生命和財產安全的威脅。他在柏林的家被翻箱倒櫃的徹底搜查。雖然愛因斯坦根本沒有什麼錢，可是銀行裡的存款，甚至於好友送他五十歲生日禮物的那艘帆船，也被政府查扣沒收了。愛因斯坦的老家烏爾姆本來因為他成名而取名的愛因斯坦路，這時候也被改成另一個哲學家的名字。

　　就在這一年，愛因斯坦訪問比利時的時候，他到布魯塞爾德國大使館，再度正式的放棄了德國國籍。德國國內很多人聽說愛因斯坦放棄了德國公民權，對他更是怨恨。連愛因

斯坦原來工作的機構普魯士科學院，也持敵對立場，指責他在國外發表不當言論。

　　當時英國和法國出版的一本攻擊希特勒的書，上頭竟然有愛因斯坦的署名。其實這是別人利用他的名氣，假冒他的名義杜撰出來的，他根本就跟這書沾不上邊。愛因斯坦雖然否認，但是德國那些民族主義極端分子哪裡相信他？他們懸賞五千美金要殺愛因斯坦。愛因斯坦聽到了，笑呵呵的摸著他的滿頭白髮說:「哈哈，我不知道我這個頭還值這麼多錢呢!」當時像這樣威脅他生命安全的傳聞多得不得了。很多人建議他找警察保護，可是他對自己的安全毫不在意，他只擔心有人保護會影響他的研究工作。

　　放棄了德國國籍的愛因斯

坦變成無家可歸。他在英國訪問的時候就曾經在一本簽名簿上的住址欄裡寫個「無」。在這一年中他一方面在各國旅行演講，一方面也藉機考慮後半輩子的安身之處。他最先想到瑞士，因為他曾經做過瑞士公民，對瑞士的印象不錯，可是他覺得瑞士緊鄰德國，好像沒什麼安全感。他又想到比利時，因為他跟比利時王后很熟稔，兩人都來自德國南方，密切交往了好多年。可是愛因斯坦那時候發表的很多政治性意見，讓比利時政府不知如何是好，所以有些尷尬。他另外還收到英國、西班牙、以色列、荷蘭等國家的學校邀請，他也都認真考慮了。最後決定前往美國，因為先前普林斯頓高等研究所已經以優厚的條件邀請他前去任職了。

16 新大陸的新生活

　　1933 年的秋天，愛因斯坦離開了歐洲，乘船到美國紐約。為了避開媒體，普林斯頓高等研究所的負責人特別安排了一艘小接駁船，在船還沒有到紐約港口之前，就先祕密的把愛因斯坦接上岸，偷偷的把他送到了紐澤西的普林斯頓。

　　我們一起來看看他在新大陸的第一天是怎麼度過的。剛把行李放下，愛因斯坦換上了便衣，就一個人到街頭去逛逛，他很喜歡普林斯頓這個大學城的安靜氣氛。他走進一家有名的冰淇淋店，他知道自己的英文別人可能聽不懂，就用手指指冰淇淋蛋捲，再指指自己。店員和另外一名學生顧客一看見他滿頭白色的亂髮，就

認出他來了，他們對他微笑，可是並沒有特別打擾他。他和那學生兩個人不說一句話，吃完了冰淇淋就步出店門各走各的了。愛因斯坦很高興普林斯頓居民對他的隱私非常尊重。

愛因斯坦住進一棟老式建築的小白屋，有夾道樹蔭遮陽。他跟朋友說：「我從小就因為時常搬家，甚至於在各個國家之間奔波，所以總覺得自己沒有個家。現在慢慢的我開始把這個地方當作家了，我開始喜歡上這個氣候四季分明的大學城。」

當時普林斯頓的居民，多半是比較保守的學者，甚至還有不少是反對猶太人的。這反倒正合愛因斯坦的意，因為他不喜歡跟人打交道，所以樂得清靜。愛因斯坦雖然討厭別人的騷擾，可是他對小孩子總是

慈祥和藹的笑臉相迎，甚至還幫他們回答學校功課的問題。

愛因斯坦剛到普林斯頓高等研究所的時候，還是英國牛津大學的研究員，有義務每年到牛津去一段時間。可是他在普林斯頓安頓下來沒多久之後，就決定把牛津的職位辭掉。他跟別人說：「我如果去牛津一趟，就不能不去巴黎和馬德里，因為那裡的大學知道我到了歐洲，一定會邀我去演講。我去了歐洲這些地方，又怎能不去蘇黎世探望我那病中的兒子艾德華？可是我實在怕見我前妻米列娃。」

愛因斯坦剛到普林斯頓，還不是每個居民都認得出他來的時候，有過不少趣事。有一次他搭乘巴士，上車以後，站在車前，從褲袋掏出一把硬幣。因為他才剛到美國，對各

種硬幣的面值不熟悉，不知道如何是好。這巴士司機從他手中挑出車資以後說：「看起來你算術不太靈光，是吧？」另外有一次，他去飯店吃飯，因為忘了帶老花眼鏡，就把菜單交給侍者，請他念給他聽，這侍者說：「原來你不識字。」大概是因為愛因斯坦不修邊幅，又不會擺架子，還加上童心未泯的表情，所以一般人不會聯想到這個滿頭亂髮的老頭子，是世界上最聰明的物理學家。

　　愛因斯坦來到普林斯頓以後，不時有人慕名而來求見。普林斯頓居民幫忙保護他的隱私，都不隨便透露他住在哪兒。有一次，接線生接到一通找研究所所長的電話。那時所長不在，這打電話的人就問愛因斯坦的住址。接線生不願意告訴他，要他留下名字，只聽

見電話另一端很不好意思的壓低聲音說：「請你不要告訴別人，我，我就是愛因斯坦。我想回家，可是忘了我住在哪兒。」

愛因斯坦每天出門的路上，總會碰到一些想要採訪他的人。有一個十五歲名叫若索的普林斯頓高中生，平常的成績總是只能拿到 C 的水準，他的新聞學老師宣布，只要誰能採訪到愛因斯坦就可以得 A 。若索決定打聽愛因斯坦的行蹤，每天跟蹤。這天早上，愛因斯坦一出門，若索就馬上迎上前去，很客氣的打招呼。愛因斯坦一臉無奈的樣子繼續往前走，若索緊迫盯人的跟在後面，並且解釋他的目的。

愛因斯坦停了下來，轉身對若索說：「你知道每天有多少想要採訪我的人嗎？如果我答

應了你，以後一定有很多人學著你這樣跟蹤，那我怎麼受得了呀？」

若索說：「我這只是給我們學校的報紙刊登用的，一般的記者哪裡會看高中的報紙？我絕不會把這訪問的文章轉賣給別人的。」

愛因斯坦說：「既然這樣，那我就讓你訪問吧！你有什麼想問的呢？」

若索這下子呆住了。他這兩天來興奮又緊張的計劃要怎麼跟蹤這位名人，完全沒想到要問什麼問題，現在身在這個全世界最聞名的諾貝爾獎得主旁邊，他一句話都說不出來。

愛因斯坦看到若索急得滿頭大汗又滿臉通紅的樣子就笑了起來，他說：「別急，我幫你忙，我們一起來想有些什麼可以談的話題。其實，我的生活

有什麼好報導的？誰會想知道呀？我出生到這個人世來，這是大家都知道的事，這不就夠了嗎？」

這時候他看若索急得好像快要哭出來了，愛因斯坦趕快又說:「這樣吧，你就報導我對研究物理學的感想好了。我發現自然界的結構非常的奇妙，我覺得我的生命任務就是在找出宇宙自然界的基本結構。不管我們怎麼樣去觀察，自然應該是很單純的。我猜我跟很多科學研究者不同的地方，是我對這個信念非常堅定，所以我才能在碰到最困難的問題時，仍然能保持信心。」

愛因斯坦侃侃而談，若索振筆疾書將他所說的一切仔細記錄下來，最後若索謝過愛因斯坦，才滿意的離開了。

若索的訪問文章在學校報

紙上登出來以後，過了幾天，同樣的內容也在附近城市的當地報紙和《紐約時報》上出現。若索打電話給愛因斯坦向他道歉，愛因斯坦並不怪他，只是責備其他報紙未經同意自行轉載。

愛因斯坦搬到美國的第三年，1936年年底，他的太太艾爾莎病逝了。艾爾莎是一個比較喜歡熱鬧的人，她去世以後，本來就好靜又不太喜歡跟人打交道的愛因斯坦，更是離群索居。他說：「我本來就不屬於這個地方，我來到這裡的時候，就已經是個老頭子了。其實這裡跟柏林或者瑞士沒有什麼分別，我本來天生就是個獨行俠。」

愛因斯坦不僅在社交場合漸漸退隱，在物理學家的圈子裡面也越來越孤立。一方面他

對當時已經被大多數物理學家接受的量子力學依然反對，另一方面他仍然固執己見的一定要發展出他夢想多年的統一場論。這時候他只全力鑽研自己的主題，對物理學界的新理論完全不去理睬。

17 毀滅性的原子彈

　　1939 年，唯一引起他關切的事，讓他破例的出面了。那年 7 月，兩位舊友來訪。他們兩人告訴愛因斯坦說：「我們發現一個非常令人擔心的嚴重情況。德國科學家從相對論中質能互換定律以及核子連鎖反應現象的這兩個基礎，可能已經發展出毀滅性極大的原子彈了。而你當年舊友波爾又發現鈾元素是最適宜用來作為核子分裂的材料。我們知道比利時在非洲的屬地『比屬剛果』有豐富的鈾礦。因為你跟比利時的王后交情很好，所以我們希望你能請求比利時政府不要賣鈾給德國，以免德國製造原子彈。」

　　愛因斯坦回答說：「我一向

反戰，對歧視猶太人的德國政府又極度不信任，所以我不但要寫信給比利時政府，還要上書給美國總統羅斯福。」

給羅斯福的信上，他首先指出，可能快要被發明出來的原子彈威力大得可怕。其次，他猜想德國政府可能快要發展成功了。所以他建議美國政府立即請物理學家組成專案研究小組，希望這樣的行動能夠造成嚇阻力量。

這封給羅斯福的信發出去還沒有多久，當年9月，德國入侵波蘭，第二次世界大戰開始。可是愛因斯坦的信好像沒有什麼作用，羅斯福總統沒有採取任何行動。愛因斯坦認為情況緊急，在第二年3月又發了一封信給羅斯福總統的閣員。這一次羅斯福總統邀請愛因斯坦擔任專案研究小組的專

家顧問，可是被他拒絕了，因為他覺得他沒有什麼可以效力的地方。

再過一年多，一直到 1941 年 12 月 6 日，羅斯福總統才加緊研究發展原子彈的腳步，正式成立了祕密的「曼哈頓計畫」。這正是日本偷襲珍珠港的前一天，過兩天，德國也向美國宣戰。接下來的幾年，愛因斯坦對原子彈的發展進度，一點都不知道。可是他注意到了他的很多科學家同行，尤其是核子物理學家忽然都神祕失蹤了，大多數人的聯絡地址都變成了郵政信箱號碼。

1945 年 8 月 6 日，美國的原子彈投擲到日本的廣島。8 月 6 日第二顆原子彈又丟到長崎，造成重大的傷亡，促成日本幾天之內無條件投降，結束了第二次世界大戰。

　　愛因斯坦的相對論提出質能互換的定律，提供了核子武器的理論基礎。雖然他並沒有直接參與原子彈的發展，可是他覺得他向羅斯福總統的建議，是美國政府製造原子彈的起源。他一向主張反戰，眼見日本有那麼多人傷亡，心裡非常的難過，對寫信給羅斯福總統這件事情，後悔得很。他跟朋友說:「這是我一輩子犯的最大錯誤，我恨不得把我這簽字的手指燒掉。」

　　原子彈投擲四個月之後，他發表了有名的演說:「戰爭勝利，卻無和平。」他希望人類能和平使用原子能。同時他建議成立國際組織來控制所有的武器，確保世界的永久和平。雖然當時的強國成立了聯合國，但是彼此互相競爭，都想擴張威權，哪裡可能讓別的國家來

干涉自己的武力呢？愛因斯坦理想中的大同世界，在現實的國際社會裡，畢竟是不容易達成的。

18 童心未泯的
七十老人

　　愛因斯坦這樣子一個改變人類科學歷史的天才，對於世界上各國領袖和政府權威都不放在眼裡的人，卻常常會對寫信給他的年輕人用心的回信，一點都不擺架子。有小學生問他天真的問題，也有年輕人請他指點做人做事的方法。

　　在他晚年，已經七十出頭的時候，有位年輕人寫信告訴愛因斯坦，說他的父母反對他婚姻的事。愛因斯坦把自己的親身經歷坦白的跟人分享。他說：「當一件事情的決定有關孩子未來的前途的時候，我不贊成父母干涉影響這個決定，這應該由孩子自己解決。但是，如果你的決定和父母不相同的時候，你一定要問自己：我是

不是夠獨立了？我如果在這件事的決定違背了父母的意見，我是否還能保持我內心的平衡？如果你不確定，那你就要再多慎重考慮。」

愛因斯坦的童心未泯是每個熟識他的人都知道的。1949年，為了慶祝愛因斯坦七十歲生日，出版社規劃出版愛因斯坦的專輯，撰稿者派斯邀請了愛因斯坦的老友波爾，想寫一段關於他一天到晚跟愛因斯坦辯論量子力學的情形。

一天，波爾找派斯來他的辦公室，希望派斯能幫他一起寫一點文章。波爾習慣繞著桌子踱步，一個字一個字斟酌，請派斯坐下來筆錄。波爾常常會一面念念有詞的重複一個詞句，一面想下面如何接句子，動不動就好幾分鐘。當時他嘴裡念的字正是愛因斯坦。他很

快的繞著桌子，嘴裡重複著：「愛因斯坦……愛因斯坦……」然後他走到窗前站住，眼睛瞪著窗外，嘴裡又重複著：「愛因斯坦……愛因斯坦……」

這時候門輕輕的開了，愛因斯坦躡手躡腳的進來。他把手指頭豎在唇前要派斯不要出聲。原來愛因斯坦一向喜歡吸煙斗，可是他的醫生為了他的健康著想，不准許他再買煙草。可是愛因斯坦說醫生並沒有不許他偷別人的煙草，所以他要來偷波爾放在桌上的煙草。他踮起腳尖悄悄的繞到桌前的時候，波爾還不曉得，他仍然看著窗外，嘴裡呢喃的說著：「愛因斯坦……愛因斯坦……」

這時候波爾突然轉過身，很肯定的說「愛因斯坦」。愛

因斯坦和波爾兩個人的臉對個正著，就好像老師捉到頑皮的學生，把他叫喚過來一般。三個人當場都呆若木雞。過了幾秒鐘，愛因斯坦解釋他來的目的之後，三個人爆笑成一團。

愛因斯坦晚年養了一隻鸚鵡，他的朋友去探望他的時候，常常看到愛因斯坦花很多時間對鸚鵡講笑話。愛因斯坦對朋友解釋說：「這鸚鵡常常會心情不好，所以我總要想些笑話說給牠聽，可是牠一直不肯笑。」

愛因斯坦留在好友們心目中的記憶，就是這樣子像小孩子般可親的人。

19 為世界和平
努力到盡頭

　　1952 年 11 月 16 日，以色列政府邀請愛因斯坦出任以色列總統，因為一個星期之前，第一任總統威斯曼去世了。威斯曼是以色列建國的推動人，也就是三十年前請愛因斯坦到美國巡迴演講，為耶路撒冷建立希伯來大學籌款的人。他去世之後，以色列輿論界一致推薦愛因斯坦接任總統，因為他是當時全世界最出名的猶太人。

　　當天以色列內閣總理班固理安，才剛剛跟以色列駐美大使依班電話聯絡上，要他去請求愛因斯坦出馬就任總統；沒想到愛因斯坦已經從新聞報導上聽到這消息，馬上就打電話到華盛頓，很堅決的請依班大使轉告以色列總理，要他立刻

打消這個念頭。

第二天依班還是派了他助理當面正式呈送官方邀請函給愛因斯坦。愛因斯坦也已經把他的謝絕信寫好了。他寫說：「本人對於祖國以色列的如此厚待，深為感動。但也同時感到難過和羞愧，因為本人無才無德，無法接受此一高位。我一生專攻物理，對於待人接物，毫無才能經驗，因此實在不適宜居此高位。……」

在地球另一邊以色列那裡，總理班固理安在焦慮的等待愛因斯坦回覆。他其實也擔心愛因斯坦的個性完全不適合當政治家。班固理安問他的助手說：「萬一他答應的話怎麼辦？我現在不可能不邀請他，可是如果他真接受了總統的這個位置，我們的麻煩就來了。」

所以，愛因斯坦的回絕讓

每一個人，包括他自己，都鬆了口氣。

愛因斯坦看起來童心未泯而又言談幽默，可是他不太流露自己對人的感情。他對單獨個人好像不怎麼關心，可是他對於全人類的前途卻憂心忡忡。愛因斯坦從小就不盲從權威又反對戰爭，成年以後在政治方面仍然很天真，所以他不管在哪一個國家，政府中總難免有人因為不了解他的個性而仇恨他或懷疑他。

在二次大戰的時候，美國聯邦調查局局長胡佛就曾經懷疑他是德國的間諜，花了好大力量調查他生活中的細節和隱私。最諷刺的是，他們竟然不知道愛因斯坦向羅斯福總統建議研究原子彈，甚至還被總統邀請參與專案研究的事情。過了幾年大戰結束，美俄進入冷

戰期間，兩國勾心鬥角互相猜忌。這時候又因為愛因斯坦的積極反戰立場，有人懷疑他是共產黨，聯邦調查局又費盡心機調查他的一切。結果，他們根本什麼證據都找不出來。

其實這些人都是庸人自擾，愛因斯坦從來就沒有任何政治野心。他一生的最後幾年，甚至於最後幾天，都是在為世界和平努力。

1955 年，是他那幾篇改變世界歷史的論文發表的五十週年。瑞士伯恩和德國柏林兩地都邀請他去參加慶祝紀念活動，他都以年老體弱為由拒絕了。

2 月分，名哲學家羅素寫信給愛因斯坦，表達對當時世界上各個強國核子武器競爭的情況感到擔憂。羅素邀請他一起呼籲世人重視核子武器毀滅

性的可怕，希望國際間保持理智和冷靜，以和平方式解決一切紛爭。愛因斯坦完全贊同，幫忙找了其他世界聞名的十幾位科學家簽署，聯合發表了有名的「羅素—愛因斯坦宣言」。

另一方面，愛因斯坦還寫信給印度總理尼赫魯，希望他能出面防止一個可能會發生的大戰。原來那時候臺灣海峽兩岸正在為了金門、馬祖情勢緊張，美國考慮出兵，有使共產主義國家集團瀕臨捲入大戰漩渦的可能。愛因斯坦甚至還提出一個天真的建議，要把金馬的居民完全疏散撤離一段時間。

在這同時，愛因斯坦決定要在5月分以色列獨立紀念日的時候，發表一份重要聲明。當時以色列受到幾個阿拉伯鄰

國的威脅。捷克和蘇俄宣布要供給武器給埃及，美國和大西洋公約會員國則要給以色列戰鬥機。這又是另外一個共產主義國家集團和西方其他自由國家集團可能引起的軍事衝突，隨時都有觸發世界大戰的危機。愛因斯坦呼籲世界重視中東的局勢，冷靜下來，極力維護和平。

就在他預備寫這重要聲明的時候，愛因斯坦肚子開始疼痛，痛了幾天他都不肯讓人找醫生。一直到一個下午他崩潰了，才讓醫生給他診斷。醫生發現他硬化的大動脈漏血，隨時有崩裂的可能，動手術成功的機率是百分之五十。愛因斯坦堅決反對動手術，他覺得人的生死有命，該走的時候就走，沒有什麼悔恨，他不願意用人為的方式去延長生命。他

說：「結尾總是會來的，早來晚來又有什麼關係？」

過兩天，愛因斯坦在睡夢中安詳的去世了。完全按照他遺囑的吩咐，他的腦子被留下來供人作醫學研究，身體火化以後，骨灰被灑在一處祕密的地方，因為他最不喜歡一般人對名人的崇拜，不希望未來有人憑弔他。

愛因斯坦離開了人世，可是他對全人類的影響絕對是永遠存在的。美國《時代》雜誌還把他選為代表整個 20 世紀的風雲人物。

他在物理學上的創見，走在時代的前面幾十年。他提出來的理論，因為太有革命性或者太深奧，在當時有人反對，更多人根本無法理解。可是時間證明了一切，他不但是對的，而且因為他的理論，人類

的科技像火箭推進一般的往前衝，大大的跨進了歷史上從未有過的領域。但是另一方面也可見——也正如他所說的——人類相對於大自然，實在渺小得可憐。

後　記

愛因斯坦之後是誰呢？

　　愛因斯坦後半輩子幾乎像是獨行俠似的想要發展出統一場論，可是他的願望沒有辦法在他有生之年達成。愛因斯坦去世以後，物理學發展得很快。在量子力學成熟之後，研究原子中更小粒子的科學開始受到物理學家的重視。有好幾位華裔物理學家，如楊振寧、李政道、丁肇中，在這方面研究的貢獻獲得肯定，得到諾貝爾物理獎。

　　在理論物理、天文物理和相對論方面，有一位被公認為愛因斯坦接班人的史提芬·霍金，表現最為突出。幾十年前，天文學家依相對論預測宇

宙中有黑洞的存在。原來大家（包括霍金）都認為，黑洞的吸引力強大到任何東西，包括光線，都逃不出黑洞。但是最近霍金發現，有些物質還是可以從黑洞中逃出來。

霍金曾是英國劍橋大學「盧卡斯講座」教授，牛頓當年也曾經是這個地位很高的盧卡斯講座教授。霍金最了不起的是，他患了全身肌肉萎縮的路蓋瑞症，從二十多歲開始就症狀嚴重。多年以來，他一直坐在輪椅上，更因為曾經患肺炎動手術，為了活命連聲帶都不得不割除，後來說話都得靠電腦和機械。然而，霍金直到七十六歲過世前仍研究不輟，真正是殘而不廢的偉大榜樣。

愛因斯坦對我們日常生活有什麼樣的影響？

　　愛因斯坦的相對論需要有很多數學和物理的訓練才能理解，一般人也想不到相對論跟我們日常生活有什麼關係。可是他對於光的輻射和能量的研究（他因這篇論文獲得諾貝爾物理獎），對我們現代生活的影響大得不得了。

　　因為他的理論，光電管才能發明出來。有了光電管，才有了第一臺電視機，電影院裡的有聲電影，超級市場買東西的掃描器，一直到雷射。在還普遍使用光碟的年代，這個每個人每天聽歌、看電影、用電腦都非用不可的發明，就是因為有雷射才產生的。

愛因斯坦的理論就是絕對的真理嗎？

其實，宇宙究竟是否會一直擴張下去，到 21 世紀還沒有定論。所以愛因斯坦的「宇宙常數」究竟是否如他所說的是一項錯誤，我們還不能確定。說不定他並沒猜錯呢！

愛因斯坦去世以後，科學快速的發展，他的很多理論都有了足夠的證明，已經成為「常識」一般的物理學問。可是，誰知道未來會不會又有另一位像愛因斯坦這樣的天才出現把它們推翻呢？

愛因斯坦

小檔案

1879 年	出生於德國多瑙河邊烏爾姆城的一個猶太家庭。
1880 年	全家搬到慕尼黑，在那裡度過他的童年生活。
1894 年	因為家庭家計的關係，全家搬到義大利米蘭。
1896 年	進入瑞士蘇黎世的聯邦技術學院就讀，是那個大學當時收過最年輕的學生。1900 年畢業。
1902 年	任職瑞士專利局。
1905 年	發表相對論、布朗運動等五篇改變歷史的物理論文。
1919 年	英國天文學家艾丁頓發表日蝕照片，相對論獲得證實。
1922 年	榮獲諾貝爾物理獎。
1933 年	受德國納粹的迫害，決定移居美國。
1938 年	寫信給美國總統羅斯福，建議製造原子彈嚇阻德國。
1955 年	病逝於美國普林斯頓。

國家圖書館出版品預行編目資料

天真可愛的物理天才：愛因斯坦／唐念祖著;徐福騫
繪.－－初版四刷.－－臺北市：三民，2019
面；　公分.－－(兒童文學叢書／世紀人物100)

ISBN 978－957－14－4770－4　(平裝)

1.愛因斯坦(Einstein, Albert, 1879–1955)－傳記－
通俗作品

785.28　　　　　　　　　　　　　　96009997

© 　天真可愛的物理天才：愛因斯坦

著 作 人	唐念祖
主　　編	簡　宛
繪　者	徐福騫
發 行 人	劉振強
著作財產權人	三民書局股份有限公司
發 行 所	三民書局股份有限公司
	地址　臺北市復興北路386號
	電話　(02)25006600
	郵撥帳號　0009998–5
門 市 部	(復北店)臺北市復興北路386號
	(重南店)臺北市重慶南路一段61號
出版日期	初版四刷　2019年5月修正
編　　號	S 782000

行政院新聞局登記證局版臺業字第○二○○號

有著作權‧不准侵害

ISBN　978–957–14–4770–4　　(平裝)

http://www.sanmin.com.tw　三民網路書店
※本書如有缺頁、破損或裝訂錯誤，請寄回本公司更換。